大衆化する大学院

一個別事例にみる研究指導と学位認定

折原 浩
Hiroshi ORIHARA

未來社

大衆化する大学院——個別事例にみる研究指導と学位認定★目次

第二章　審査報告書「〔論文〕内容要旨」の検討　35

大衆化する大学院——個別事例にみる研究指導と学位認定

装幀——高麗隆彦

はじめに——問題の提起

一　羽入辰郎の応答回避

昨（二〇〇五）年八月二五日に拙著『学問の未来——ヴェーバー学における末人跳梁批判』が、同じく九月十五日には『ヴェーバー学の未来——「倫理」論文の読解から歴史・社会科学の方法会得へ』が、未來社から刊行され、今日（二〇〇六年四月十五日）で約半年になる。書評「四疑似問題でひとり相撲」（『季刊経済学論集』第五九巻第一号、二〇〇三年四月）、前著『ヴェーバー学のすすめ』（二〇〇三年十一月二五日、未來社刊）の公刊から数えると、約三年の歳月が経過している。

これらの拙著／拙評で、筆者は、羽入辰郎著『マックス・ヴェーバーの犯罪——「倫理」論文における資料操作の詐術と「知的誠実性」の崩壊』（二〇〇二年九月三〇日、ミネルヴァ書房刊、以下羽入書）の「ヴェーバー批判」に、正面から反批判を加えた。羽入が反論／反証しやすいように具体的論拠をとものえ、論点ごとに筆者のヴェーバー理解を対置し、羽入の応答を求め、論争を開始しようとした。ところが、羽入はこの間、拙著／拙評の反批判にまったく応答しない。

また、去る二〇〇四年一月には、北海道大学経済学部の橋本努が、ホームページ（http://www.econ.hokudai.ac.jp/~hasimoto）に「マックス・ヴェーバー、羽入／折原論争コーナー」を開設し、羽入を含むヴェーバー研究者／読者に、広く論争参加を呼びかけた。筆者はこの呼びかけに答え、一連の論考を寄稿したが、(1) 羽入は、このコーナーにも応答を寄せていない。

知的誠実性を規準にヴェーバーを「批判」し、「詐欺師」「犯罪者」とまで決めつけた当人が、筆者の反批判には、知的誠実性をもって答えない。研究者として論争を受けて立ち、理非曲直を明らかにしようとしない。

二　羽入への研究指導と学位認定を問う

そこで、筆者は、羽入辰郎に学位を認定した東京大学大学院人文科学（現人文社会系）研究科、とくに羽入への研究指導と学位請求論文の審査に当たった倫理学専攻に、改めて（『学問の未来』につづいて）この件にかんする所見の表明を求め、羽入にたいする研究指導と学位認定の責任を問いたい。というのも、拙著で論証した羽入書の欠陥と羽入の応答回避から考えて、東大院人文社会系研究科とくに倫理学専攻は、羽入にたいする研究指導を怠り、知的誠実性をそなえた研究者に育成する責任／社会的責任を果たさないまま、学位は与えて世に送り出した、と推認せざるをえない。大学院・研究教育機関としての厳格な研究指導と適正な論文審査という条件のもとで初めて、そのようにして認定された学位に社会の信頼をえている当該責任部局が、根本的な欠陥をそなえた論文に、おそらくは問題のある審査で、少なくとも結果として学位を認め、そのかぎり学位認定権という職権を濫用し、社会の信頼を裏切っていたのではないか。

　こうした事態は、さまざまな分野で、専門職におけるモラル／モラールの低下と、虚偽／虚説捏造といった背信行為が、広く世間一般に有形無形の被害をもたらしている今日の社会状況と、けっして無関係ではあるまい。こうなった以上は、羽入書の欠陥を論証して、そこに結果として露呈された大学院教育の不備を指摘し、警鐘を鳴らした筆者が、その延長線上で、羽入の学位請求論文と審査報告書も検討し、研究指導と学位認定の問題点を明らかにすべきであろう。そうした問題点は、この一個別事例かぎりのことではなく、いつどこで再発しても、あるいはもっと目立たない形で多発していても不思議はない、構造的背景したがって相応の普遍性をそなえた問題で、とくに大学院の「大衆化」（増設／規模拡大にともなう定員／実員増）につれて深刻さを増してきているのではあるまいか。問題をそのように捉え返すことをとおして、現下の大学院・研究教育機関の実態に広く関心を喚起し、不備／欠陥の是正と責任性の回復／向上に向けて、ひとつの捨石を置く必要があると思われる。いや、今日の社会状況を特段に考慮するまでもなく、大学院・研究教育機関のあり方をたえず点検して、現場に不備／欠陥があればそのつど是正していくことは、本来、学問とその未来に責任を負う研究者にとって、避けて通れない課題であり、社会にたいする責務でもあろう。

第一章　原論文提出から学位認定まで

第一節　表題他の変更

そこで、東大院人文社会系研究科図書室に保管されている羽入の学位論文（公開文書「東京大学学位論文一九九四年I—10」。他に国会図書館にもコピーが保管されていて、閲覧が可能。以下、羽入論文）に当たってみると、これには、提出時の原論文と、変更を加えて審査をパスした認定時論文とが、区別されるようである。羽入書のvi頁にも、つぎのように記されている。「本書は一九九四年一月に東京大学大学院人文科学研究科に提出され、一九九五年三月に学位授与された筆者の独文による博士論文“Quellenbehandlung Max Webers in der ‘Protestantischen Ethik’”（提出時の原題は“Die Entzauberung vom ‘Zauber’ Max Webers—seine Quellenbehandlung in der ‘Protestantischen Ethik’—”「マックス・ヴェーバーの『魔術』からの解放——『倫理』論文における資料操作について——」であった）を、原著者である筆者本人が翻訳し、改訂・増補したものである。なお、提出時には備わっていた序文と結論部分は［羽入書には］再録されてある。」（ドイツ語の引用符を英語式に改める。［　］記号をつけた

補足挿入と、傍点による強調とは、筆者。以下同様）

確かに、公開されている羽入論文の表題は、「Quellenbehandlung Max Webers in der "Protestantischen Ethik"（『プロテスタンティズムの倫理』論文におけるヴェーバーの資料の取り扱い方について）」となっている。「提出時の原題」から、「マックス・ヴェーバーの『魔術』からの解放」という主題（の文言）が削除され、当初の副題が主題として残されたのであろう。羽入書では表題に掲げられる「犯罪」や「詐術」はもとより、『思想』論文（一九九八年三月号）には出てくる「魔術」も、学位論文の表題には姿を現さない。「提出時には備わっていた」という「序文」と（おそらくは羽入書の終章『『倫理』論文からの逃走』にあたる）「結論部分」も、（少なくとも羽入書と同様の文章／文体では）学位論文には収録されていない。羽入書では開巻一番、「女房」に「マックス・ヴェーバー、ここで嘘付いてるわよ」「大体が詐欺師の顔してる」（ⅰ頁）と語らせている「はじめに」も、付されていない。

そのため、変更後の学位認定論文を手にとってみると、羽入書には横溢している「挑発的」な文言――読む者に疑問と立ち入った閲覧へのきっかけを与える奇矯な文言――が、表題／序文／結論といった目立ちやすい部位には見当たらない。ドイツ語で書かれている事実[1]ともあいまって、全体として「穏当な」学術論文の体裁がととのえられている、との印象をいなめない。

この事実からは、つぎの推論が導かれよう。すなわち、羽入論文が提出された一九九四年一月から学位が認定される一九九五年三月までの、学位論文審査としては異例に長い期間に、論文審査委員から羽入になんらかの「はたらきかけ」がなされ（あるいは両者間になんらかの「やりとり」があり）、それを受けて羽入が、最終的には表題を改め、「序文」と「結論部分」も削除あるいは大幅に改訂したのであろう。羽入は、そのようにして学位を取得した後、表題を『思想』論文で原題に戻し、さらに羽入書では「犯罪」「詐術」に改め、併せて「序文」も「結論部分」も元通りに「再録」し、「はじめに」も付け加えたのであろう。

第二節　学位認定までの研究指導——対極二仮説の提示

とするとここで、論文審査に当たった関係教員から羽入への「はたらきかけ」あるいは両者間の「やりとり」が、いかなるものだったのか、大学院・研究教育機関における研究指導／論文指導／（最終的には）学位認定権の行使として、はたして適正であったか、との疑問が頭を擡げる。

なるほど、問題の表題／「序文」／「結論部分」の内容には立ち入らずに、もっぱら形式的に見ると、関係教員が、学位認定権を梃子に、「弱い」立場にある羽入に「圧力」をかけ、全体の論調（そのかぎりで思想）の「転向」——少なくとも自己主張の「緩和」「抑制」——を強いた、ととれないこともない。この点に関連して、羽入書「序文」の末注には、こう記されている。「マックス・ヴェーバーをたかが学生の分際で生意気にも、ただ一人で批判してゆくという行為を、周囲から〃不遜で、傲慢で、おのれの分をわきまえぬ、身の程知らずなもの〟と批判されながら、東京大学という権威主義的空間内で続け……[云々]」(一四頁)。ここには、論文提出時から学位認定にかけての時期を含む、倫理学専攻の研究指導を、羽入自身がどう受け止めたのか、当事者の心象風景がなにほどか屈折して語り出されているといえよう。

では、この主観的評言を「額面どおりに」受け取って、当の研究指導が、羽入の学問上正当なヴェーバー批判を「生意気」「不遜」「傲慢」「おのれの分をわきまえぬ」「身の程知らず」として「葬り去ろう」とする——文字どおり「権威主義」的な——「圧力」であった、と判定すべきであろうか。それとも、こうした決まり文句の連発は、論文に批判的ながら正面から学問的に対決する正当な研究指導を、羽入のほうが受け止めかね、「権威主義」に捩じ曲げて回避し、自分の力量不足/論文不出来の直視を避け、かえって「権威主義にひとり抗する批判者(英雄)」を気取る、「防衛機制」の発動/「虚偽意識」の表明であろうか。

このばあい、真実はどうやら、どちらとも一致はせず、理念型としての両対極の狭間にあるように思われる。速断は避け、いま少し関連事実を掘り起こしていこう。

第三節　注目を引く一事実――謝辞群中に主査／専攻主任の名がない

ここでひとつ、顕著な事実に目が止まる。羽入書には、周辺分野／他分野の専門研究者を訪ね歩いて教えを乞うたエピソードが、多くのばあい「権威者の羽入支持」話に仕立てられ、謝辞にまみれて登場する。[2] ところが、そうした謝辞対象リストのなかに、れっきとしたヴェーバー研究者で、羽入論文の筆頭審査委員（「主査」）ともなっている倫理学専攻主任（当時）の名が、どこにも見当らない。この種の文書で通例は真っ先に謝辞を呈される「主査」の名が、全般的な謝情横溢にもかかわらず、よりによって欠けている。この事実は、それだけ注目に値し、意味解明を促さずにはいない。[3]

遡れば、当該教員は、羽入がヴェーバー研究を志して倫理学専攻の大学院生となった当初から、指導教員に選んで「胸を借りる」恰好の相手ではなかったか。専門的な研究教育機関としての大学院の性格に照らせば、そうしてしかるべき最適任の専門家であったろう。ところが、羽入はなぜか（なんらかの「行き違い」があったか、当初から「手強い相手は避けた」か、いずれにせよ）当該教員を指導教員とはしなかったようである。その代わりに、論文審査委員五名のうち第二番目に名を連ねている、ヴェーバー研究とは専攻分野の異なる人を、指導教員としたらしい。羽入書は、この教員には、一箇所で「ヘブライ語に関しては恩師である東京大学教授［○○○○］氏に……御教え頂いた」（一三頁）と、他に比しては淡白な謝辞を呈している。

第四節　主査／専攻主任の「胸中」

では、この関連事実は、なにを意味するのか。当事者が沈黙している以上、ここで筆者の側から、一定の「明証性」をそなえた仮説を（ある限界内で）提起することは許されよう。

実力と実績のあるヴェーバー研究者の「主査」が、羽入論文の欠陥を見抜けず、学位に値するとの評価をすんなりくだしたとは、まず考えられない。羽入論文には、拙著三部作で詳論した羽入書批判の趣旨が、ほぼそのまま当てはまる。学位水準に達していた羽入論文が、その後の改訂によって水準を割った、というのではない。一般経験則に照らしても、そうしたことはまず起こりえまい。骨格は変わっていない。すなわち、羽入論文でも、「倫理」論文の主題がなんであるかもわきまえない、周辺的些事（しかもそのザッハリヒな解釈ではなく、当該部位への「疑似問題」の持ち込み）に拘泥する針小棒大な難詰が、対象に届かない架空の「ひとり相撲」、「自分で立ち上げた藁人形への斬りつけ」として繰り広げられている。論旨の展開も、『学問の未来』で詳細に論証し、本稿でも追って第二章に要約するとおり、没意味・無概念・弱論理・無方法というほかはなく、部分的な手直しではどうにもならず、さりとて思い込みの激しさから推して抜本的な改訂への見通しも立たない、審査当事者としては困り果てるほかはない代物である。

いったいどういう経緯で、こうした論文が一九九四年一月に受理され、審査委員とりわけ専攻主任の手許に届いたのか、筆者は知るよしもない。しかし、これを手にした当人の「胸中」は、察するに難くない。ヴェーバー研究者としては、学位請求論文のヴェーバー「批判」が学問の体をなさずに空転している事実、しかもそれで耳目聳動と俗受けを狙い、ヴェーバー研究者をことごとく「ヴェーバー崇拝者」「ヴェーバーの『魔術』に呪縛された輩」としてしりぞけたかに装う「独りよがり」には、当惑と不快を禁じえなかったにちがいない。他方、専攻主任としては、大学院入試に合格させて正式に受け入れ、研究指導に当たってきた一院生のこととて、その将来も思い遣らないわけにはいかず、「言い含めて引導を渡す」か、いっそ「目をつぶって受け入れる」か、あるいはなにか「第三の抜け道」を探すか、いずれにせよ苦渋の選択を避けて通れそうもないのである。

第五節　論文「不出来」の類型的状況にたいする類型的対応

しかし、当該教員個人の「胸中」には、ここでこれ以上立ち入るべきではないであろう。本人が、拙著『学問の未来』および本稿の問題提起と呼びかけに答えて、率直に釈明するのを待ちたい。むしろここでは、正式に受け入れた大学院生への研究指導が成果をあげず、論文の「不出来」という（一種「類型的」な、大学院の「大衆化」につれてそれだけ頻度を増していると予想される）状況に直面したばあい、かれならずとも教員一般が、いかに対応すべきか——というよりも、いかに対応しうるか——というふうに、問題をいったん「類型論的」に設定しなおそう。

そして、大学院の「大衆化」にともない、この問題が「現場のクリティカルな問題」群のひとつとして、つとに問われるべきでありながら、じっさいには問われず、ただいっそう深刻さを増してきていると思われる現下の実情に即して、そうした「類型的」問題状況にたいする、いくつか可能な「類型的」対応を、いったん「理念型」的な仮説として構成してみよう。そのうえで、それらを尺度に用い、羽入の事例（羽入について現に採られた具体的対応）が、そのうちのどれに近かったのか、いかなる特性をそなえていたのかを、公開文書の審査報告書をデータに、「明証的」に推論／推認できる範囲内で、探り出していきたい。(4)

第六節　大学院「大衆化」とその随伴結果――「対等な議論仲間関係」の解体

ただし、そのまえに、大学院の「大衆化」とその随伴結果を、「現場のクリティカルな問題」として主題的に考察する必要と、その一視角とに、触れておかなければならない。

大学教員は通例、大学院問題を自分たちの「身分」的／「勢力」的利害関心に根ざす「ポスト増設」要求の観点から捉えがちである。(5) 当の要求が叶って大学院が拡張され、「院生の定員／実員増(6)＝大衆化」が実現した暁になにが起こるか、起こりつつあるか、その随伴結果には概して無頓着／無関心でいる。

まずは、このスタンスを改め、現実を直視しよう。すると目に止まるのは、かつて大学院が「相対的に適正な規模」(たとえば少人数、同年齢構成)を保っていた間は、大学院制度という「ゲゼルシャフト関係[7]」から院生間に「自然発生的」に派生ないし創成されていた「対等な議論仲間関係」(という「諒解ゲマインシャフト[8]」、言い換えれば「フォーマル」な制度/組織のなかに生まれる「インフォーマル・グループ」)が、規模の拡大と年齢構成の多様化につれて解体ないし変質をとげている事態であろう。かつて、そうした「対等な議論仲間関係」には、教員は気がつかなくとも、独特の教育機能/教育効果がそなわっていた。たとえば、その一員となった「受験秀才」「学校秀才」の自己主張に不備/欠陥があれば、「歯に衣着せぬ」議論のなかで容赦なく「叩かれ」、幼弱なプライドが「打ち砕かれ gebrochen」て、ようやく「受験秀才」「学校秀才」から脱皮するきっかけが摑める、といった(研究者養成には欠くことのできない)機能である。こうした教育効果が、「規模拡大=大衆化」にともなって減殺され、代わっては指導教員ごとの「蛸壺」が簇生しているのではないか。

　ところが、大学/大学院教員は、「ポスト増設」や学内政治には熱心でも、研究指導の実態は顧みず、およそ「現場のクリティカルな問題」はタブーとして封印し、「実存的に社会学すること」の対象に据えようとはしない。したがってもとより、そうした欠落を見据え、代替的/等価的機能を創出しようとはしない。かえって、(かつては、院生のそうした「対等な議論仲間関係」の近くにいて、研究指導上「教授/助教授と院生との相互媒介/調整役」として重要な位置を占めていた)「助手」のポストさえ、教授/助教授ポスト増設のためにしばしば「召し上げ」、多人数となってひとりひとりは孤立した院生を、「蛸壺」に閉じ込め、そのまま放置しているのではないか。

こうした状況からは、一類型として、たとえば「年嵩でも幼弱な『問題児』院生」が出現しても不思議はない。すなわち、年少者との「対等な議論仲間関係」に加わって「打ち砕かれる」「面子失墜」を厭い、「専門の手強い教員」にも寄りつかず、専門外ということで自分を「甘やかして」くれそうな周辺分野／他分野の非専門家「権威者」を訪ね歩いては、「打ち砕かれた験しのない」幼弱なプライドを温存し、専門領域ではルサンチマン[9]と「過補償動機」[10]に駆られ、脱出口を偶像破壊と耳目聳動に求めるほかはない、そうした年嵩問題児の類型的出現である。[11]

第七節　第一類型の対応
——学問上の規範に照らして「客観的に整合合理的」な「積極的正面対決」

さて、「大衆化」状況でそれだけ増えてもこよう「不出来」論文にたいして、真っ先に考えられるべき類型的対応は、学問上の規範に照らして（当事者にも観察者にも）「妥当」と思われる「客観的に整合合理的 objektiv richtigkeitsrational」な審査行為の経過つまり「整合型 Richtigkeits-typus」[12]であろう。すなわち、「正面から直截に論文の不備／欠陥を指摘し、是正するまで『構想を改めて出なおすよう』『そのうえで書きなおすよう』に求め、もっぱら学問上の規準に照らして『妥当』と認定できるまで、集約的な研究指導／論文指導を積極的に押し進める」という対応である。簡潔に「積極的正面対決」と呼ぼう。

羽入論文についていえば、前記のような欠陥を、大筋でも直截に指摘し、繰り返し『出なおし』『書きなおし』を求め、（ヴェーバー批判をつづけるならつづけるで）学問的要件をみたす論文に仕上げるまでは、集約的指導を絶やさず、放棄しない、という対応である。

そのさい、羽入論文の「ヴェーバー批判」が（是正すべき個別の難点を含むというのではなく、そもそも）学問として成り立たないことは、指導員／審査員自身がなにも英訳諸聖書／ルター／フランクリンの「原典」まで「手にとって調べ」なくとも、手許にある「倫理」論文と照合しさえすれば、即座に分かることである。羽入がとりあげている「幾つかの箇所」が、「倫理」論文の全「論証構成」中にいかに位置づけられるか、「倫理」論文の主題とどうかかわるのか、周辺的な些事を針小棒大にあげつらうことで（ヴェーバーならずとも、ある学問的著作者／論文執筆者の）知的誠実性を覆せるのか、と具体的に問い質せばよい。

たとえば、十八世紀のフランクリン父子（カルヴィニストの父と、カルヴィニズムの「二重予定説」からは離れた息子）が、「わざの巧みさ」を称揚する『箴言』二二章二九節の m^{e}lā'khā, ergon にピューリタン系の訳語 calling を当てたのにたいして、十六世紀のルターが、ピューリタン流の「禁欲」を（神信頼の欠如ゆえに人為に頼る「わざ誇り Werkheiligkeit」と見て）忌避する宗教性から、当の『箴言』句には（「神与の使命」という意味の）Beruf を当てず、Geschäft (business)

で通したのは、しごく当然（「意味適合的」）である。フランクリン父子の訳語とルターのそれとが、「倫理」論文では隣り合わせの二節の冒頭に出てくるからといって、「語形一致」するはずもない。恣意的／短絡的に「一致」を想定し、（ヴェーバーもわざわざ明示している）当然の不一致を「アポリア」と決め込むのは、文献観念論に囚われた突飛な妄想というほかはない。

こういうばあい、審査員自身が、「アポリア」云々の「マジック・ワード」に「呪縛」されることなく、「倫理」論文の構成と論旨の展開を具体的に挙示しながら、妄想は妄想として単刀直入に暴露すべきなのである。そうすれば、そうした第一次「疑似問題」を前提として、そのうえに虚構されている派生的「疑似論証」群は、足場を失ってつぎつぎに倒壊する。そうなれば、羽入も、「学問とは……往々にして『不快な事実』……の暴露であるべき……である」（羽入書、六頁）と、抽象的には認めているのであるから、具体的な正面対決のさなかに妄想の破産を悟らざるをえず、やがては不勉強を悔いて「倫理」論文を初めから読みなおし、学問研究の緒に就くこともできたであろう。

そのようにして「打ち砕かれ」、幼弱な思い込みの「呪縛」が解かれて「目から鱗が落ちる」覚醒の体験こそ、大学院における研究指導の要諦であり、その中心に位置を占めるべきものである。「大衆化」された大学院では、院生同士の「対等な議論仲間関係」における「打ち砕き」とその教育効果は、期待できなくなるだけに、教員みずから代替的／等価的機能を果たさなければならないであろう。

ちなみに、筆者はもとより羽入論文の審査員ではなかったが、かりに羽入書が学位請求論文として受理され、筆者も一専門家として審査に加わるとしたら、どうすべきか、審査当事者の「身になって」考えはした。そして、この第一類型「積極的正面対決」の「整合合理的」対応を規範として念頭に置き、羽入書の「ヴェーバー批判」を一読した。すると即座に、羽入の主張が四つの疑似問題を持ち込んだ空論で、学問的ヴェーバー批判の体をなさない、と分かった。そのうえで、四疑似問題ならびにそのうえに立つ疑似論証群を、逐一具体的に暴露／論証し、そのつど筆者の理解を対置し、「倫理」論文の妥当な読解への道筋を示した（一書評ならびに三著書）。この反批判に、かりに羽入が知的に誠実に応答し、しかるべき学問的再批判を携えて捲土重来を期するのであれば、そのうえは学問的要件を充足しきれる方向に、積極的に支援することも惜しまないつもりでいた[13]。ただし、羽入自身がそのように対応するのでなければ、学位だけを切り離して認めるようなことは、けっしてしないし、してはならない。というのも、学問上「認めるべきでないものを認める」のも、「認めるべきものを認めない」のとまったく同様、「理屈抜きの恣意／権威による決定」として「権威主義」の発動形態にほかならず、学位認定権の私物化＝濫用、その意味で「職権濫用」にほかならないからである。

第八節　第二類型の対応――なお「客観的に整合合理的」な「消極的正面対決」

とはいえ、以上の議論には、そうした「積極的正面対決」を規範として承認するにはやぶさかでないが、自分自身の研究に加えて、数多の論文／大勢の学生や院生／多岐にわたる行政事務／学会の仕事などを抱えて多忙な現職の教員にとっては、「言うは易く、行うは難い」、あるいは「一匹の迷える子羊に、牧者として付き合うわけにはいかない」といった異議が申し立てられよう。確かに、「整合型」の規範的妥当性は、経験的妥当性と混同されてはならない。経験的現実において「整合型」への接近はむしろ稀で、さればこそ、理念型としての「整合型」が、経験的現実の諸相を「索出」する概念用具として、独自の意義を取得する。

そこで、第一類型の理念型を規準に立て、現実の多様な経験的対応を見渡していくと、まず、「正面対決」の積極性は（多忙などの現実的制約によって）緩和されるけれども、さりとて、そうした制約に屈し、学位認定だけを切り離して、学問的厳正度は緩め、あるいは曖昧にする、というのではなく、「学問的良心の最後の一線は堅持して譲らない」という対応が、同じく一極限形態、一理念型として浮かび上がってこよう。

具体的には、たとえばドイツの――あるいは、いっそう広く、プラトーン／アリストテレース以来、約二五〇〇年の「アカデミズムの伝統」に支えられている欧米の(14)――大学教員は、やはり多忙で、長期間「積極的正面対決」を担いきる余裕はないとしても、論文の欠陥に「目をつぶって」、「見切り発車」「厄介払い」し、それだけ当の伝統自体を傷つけるようなことはせず、「こだわりなくなんどでも突き返す」といわれている。実態がそのとおりか、系統的な比較研究を試みたわけではないが、少なくともそうした「突き返しの反復」が「アカデミズムの伝統」の一環として広く承認され、しばしばその「頑固さ」が、半ば揶揄を交えた賞賛の対象ともされている。他方、学位請求者の側も、「学位とは本来そうしたもの」と観念していて、根気よく「捲土重来」を期するか、ばあいによってはいっそ審査機関／審査員を替えるかして[15]、いずれにせよ「突き返し」の責任を審査員側に転嫁し、「非情」として逆恨みする、あるいは「権威主義」として非を鳴らすといった風情は、ほとんど見かけられないようである。

そうした対応は、「学問的要件をみたすまで待つ」、そのかぎり「客観的に整合合理的」な「消極的正面対決」である。第一類型にたいしては、緩和形態として一種の亜種をなすが、「アカデミズムの伝統」の支えがあるかぎり、規範遵守の負担が第一類型よりも軽微なので、経験的な出現頻度はそれだけ高いとも考えられよう。ただ、そうした伝統がなく、代わっては「子分にたいする親心」「弟子にたいする温情」が「慣習律 Konvention」規範によって要請される特異な文化風土のもとでは、主観的には第一類型以上に心理的抵抗感をともない、それだけ忌避され、頻度が下がるかもしれない。そこで、この対応を、第二類型として別立てにしよう。繰り返すがこの対応は、消極的ながらなお学位認定権の濫用には堕さず、正当な学問的行使の限界内にとどまっている。

第九節　第三類型の対応
――「客観的に整合非合理的」な「対決回避」――「権威主義」の二面性

つぎの類型は、第二類型から妥協に傾き、学問的規準による許容限界の「一線を踏み越え」る「客観的に整合非合理的」な対応である。ここでは審査員が、積極的ないし消極的な「正面対決」を堅持する緊張に耐えられず、「見切り発車」して学位だけは与え、同時に「厄介払い」して、それ以上の研究指導負担から逃れようとする。

原則的に考えれば、もっぱら学問上の規準で評価して学位に値する論文に、権威への不従順を理由に学位を認めないのが権威主義であるとすれば、逆に、学問上学位に値しない論文を、「温情に惑溺して」あるいは「政治的な手心を加えて」曖昧に認めてしまうのも、まったく同様に問題であり、(学問上厳正に行使されるべき)学位認定権の私物化＝濫用というほかはない。そうした対応は、ことを「理屈ぬきの(専横と温情との両面をそなえた)恣意/権威」で決する点にかけて、「権威主義」にかわりはなく、「権威主義」の半面/同位対立的な裏面としての「温情的発動形態」といえよう。

この対応において、担当指導教員/審査員は、主観的には「本人のため」「本人の将来によかれ」との「親心」「温情」、あるいは「文部科学省筋も、課程博士の量産を奨励する趨勢にあるので、時宜にかなっている」というような「政治的思惑」から、あるいは両方を「総合的に勘案」しながら、「客観的には整合非合理的」な、学問的対決回避と学位認定権の私物化＝濫用に走り、学者／研究者としての責任／社会的責任を放棄するのである。

第一〇節　「権威／温情」的対応の系譜とその文化的背景

さて、こうした「権威主義の温情的発動形態」は、筆者が院生のころ（一九五〇年代末から六〇年代前半）にも、やや色合いは異にしながら、隠然と存立していた。すなわち、当時には修士論文が「不出来」に終わり、留年しても改善が見られず、見込みも立たない院生に、在学年限あるいは休学許容期間が尽きる最終段階で、（博士課程への進学は認めずに「言い含めて」断念させるものの）修士の学位は与え、大学や研究機関への就職の面倒はみて、研究者としての経歴のスタートには立たせ、学問上の実績にかけては本人の発奮と捲土重来に期待をつなぐ、という「窮余の策」である。こうした対応が、審査教員の「親心」と（本人も含む）暗黙の「諒解」のもとに、「慣習律」的慣行としておこなわれていた。じっさい、そうした「窮地」に陥って「打ち砕かれ」、不本意ながら「親心」にすがって「窮地を脱した」当人が、その後期待どおりに発奮し、「過補償動機」もプラスにはたらいて、（すんなり博士課程に進んだ）同期生を上回るまともな研究実績をあげ、その意味で「親心が裏切られず、実を結ぶ」事例も、まま見られた。というわけで、この第三類型の対応については、あまり性急に一面的な評価をくださないほうがよいように思われる。

そこで、「理解社会学のカテゴリー」を援用して定式化を試みると、大学／大学院という（「フォーマルな」制定秩序をそなえた）「ゲゼルシャフト」結成態も、通例どおり、全社会的に幅を利かせている親子関係／親分子分関係／師弟関係の「諒解」を取り込み、編入して、（学問研究の推進とその後継者の養成という）ゲゼルシャフト結成の（明示的に限定された）目的の「範囲を越える über-greifend」「諒解ゲマインシャフト」[16]を「重層的に創成」する。[17]ただ、経済領域／企業社会における「経営家族主義」にも比すべき、大学内擬制血縁的「諒解ゲマインシャフト」は、前記のばあいにかぎっては、当のゲゼルシャフト目的に全面的に背反するのではなく、むしろ競争／選抜過程における一時的「脱落者」を一定程度「救済」して「再起」の軌道に乗せる「セーフティ・ネット」の補助／補完機能も果たしていたといえよう。もとより、特定の条件のもとで、当然のことながら顕在的／潜在的な弊害／逆機能をともないながら、である。そのばあい、「特定の条件」とは、研究者の労働市場が「売り手」側に有利で、教員にも院生にも「ゆとりがある」、「大衆化」以前の状況である。

では、「顕在的／潜在的な弊害／逆機能」とはなにか。一般に、ゲゼルシャフト関係の制定秩序に、慣習律の非制定秩序が「重層的に覆いかぶさって」、「二重規範」状態を呈し、実態としては後者の経験的妥当性のほうが優越し、幅を利かせているとき、たとえばこのばあい[18]、ゲゼルシャフト関係の規範としての学問的厳正を（諒解ゲマインシャフトの慣習律的準則としての）「親心」「温情」に優先させるような原則的対応は、慣習律には違反する半「逸脱」として、そのかぎり暗黙にせよ、「非情」「冷酷」「頑迷」といった心理的非難／周囲の無定形の「制裁」にさらされる。そうすると、学位認定権を行使する当事者は、厳正な対応、ことに第二類型対応の「最終的な突き放し」に、主観的にはそれだけ抵抗感を抱き、躊躇逡巡を強いられよう。ばあいによっては、暗黙裡に厳正度を緩め、第三類型対応への移行／越境を犯すことも、避けられまい（顕在的逆機能）。また、論文がよく書かれていて、「文句なく」学位が認定され、そうした越境がまったく問題にならないばあいにも、学問的厳正をことさら優先させる原則的対応が、そのつど試練を受けながら強められるのではなく、そのつど慣習律的非難への免疫／耐性が育つのではなく、いざというときには第二類型の原則的対応も貫徹できる堅固なスタンスの形成は、むしろ恒常的に抑止されつづけるであろう（潜在的逆機能）。

こうした逆機能の顕在化／第三類型対応への移行は、たとえばつぎのような条件のもとで、それだけ容易に起き、第三類型対応を多発させるはずである。すなわち、①審査当事者が学問的力量に乏しく、理非曲直を明晰に定式化して自他に提示することができず、それだけ「正面対決」を避け、曖昧なままに、事態を「穏便に処理」し「丸く収め」ようとするとき、また、②「慣習律」的非難の「非情」「冷酷」「頑迷」を、（当事者の「人間性」にたいする的を射た批判ではなく、むしろ）「学問の領域では当然の厳正さにたいする『逆恨み』の表白」と見て「意に介さず」「介させない」といった、長年にわたる「アカデミズムの伝統」[19]が脆弱／希薄で、当事者がそうした文化システムの支持をえられないばあい、である。

第二節　「前近代」と「超近代」との癒着

この文化的条件に「前近代―近代―超近代」の図式を重ね合わせてみると、「前近代的」な血縁的／擬制血縁的「諒解ゲマインシャフト」一般における支配者／権力保有者の「権威／権威主義」にたいしては、たとえば大学／大学院設立といった「ゲゼルシャフト結成」の普及／社会秩序一般の「合理化」「近代化」につれて、「権威主義」への「非難」が芽生え、強まってくるのは、当然であろう。ところが、そうした「非難」は、幼弱な自然発生態のままでは、「近代的」原則的対応（たとえば大学／大学院についていえば、前記第一／二類型の積極的／消極的正面対決）に発展して、当の「権威主義」に取って代わりきるにはいたらない。数多の「反権威主義」者が、「権威」を「非難」しやすい「社会的に周辺的な」地位から「非難」される「身分」にのし上がったとたん、旧に倍する「権威主義」者に豹変する現象も、通則的で、頻繁に起きる。その間にも、大衆民主主義の「ポピュリズム」（大衆迎合の人気取り）が、「近代的」原則的対応が地歩を固めるのを待たずに、いちはやく台頭してくるであろう。そうすると、幼弱な「反権威主義」は、この「ポピュリズム」と癒着し、そのなかに編入／再編成されて、反対物――「無原則な温情主義」という「権威主義」――にも転成をとげるであろう。

さて、この種の「ポピュリズム」は、（それが本来、閉じ込められてあるべき）政治の領域から、学問その他（それが本来、幅を利かせてはならない）文化の諸領域にも、越境・侵入する。そして、「ポピュリスト」は、各文化領域の「つねにそれ自体の内在的要請に照らして『より高き』をめざす、そのかぎり『精神貴族的』な」評価規準を、「堅苦しい」「鬱陶しい」と受け止め、漠然と反感を抱き、「反民主的」と感得し、非難する。こうした「ポピュリズム」は、「精神貴族的」評価規準に則って「貴族的義務 noblesse oblige」に生きようとする専門職一般の厳正な規律と責任倫理を掘り崩す方向に作用するほかはない。[20]

そのように「前近代」と「超近代」とが癒着し、補強し合って「近代」を挟み打ちする歴史的条件（「西洋近代」の外縁「マージナル・エリア」[21]にそれだけ顕著）のもとでは、「前近代」的「権威主義」がおのずと衰退して「近代的」原則に「席を譲り」、やがては「近代」の実質的達成水準を各文化領域で現実に越える「近代の超克」も展望できようなどと、なにか「進化主義」的に楽観することは許されない。[22]そこではむしろ、「より高きをめざし」てみずから向上しようとする志をもたず、そういう志を持つ者を脅威と感じてルサンチマンを抱き、おのれの水準に引き下ろしては自己満足と自画自賛に耽ろうとする「末人」「大衆人」が輩出してくる。かれらの、自己批判を没却した無原則の自己主張は、大衆的「ポピュリズム」に「棹さし」、ばあいによっては「権威への反抗」を装いながら、したたかに跳梁／跋扈する。そうした風潮を放っておくと、やがて幅を利かせ、猖獗をきわめて、とめどなく文化諸領域全般の頽落（「下降平準化」）をまねくことになろう。[23]

さて、今日の大学院・研究教育機関の環境条件は、大学というゲゼルシャフト関係に取り込まれた諒解ゲマインシャフトが、「大衆化」以前の諸条件のもとでゲゼルシャフト目的の補完機能も一定程度果たしていた往時とくらべ、著しく変化をとげている。大学院の「大衆化」／研究者労働市場における競争の激化／「課程博士」量産の「業績」指標化、といった一連の条件変化のもとで、往時の修士認定に見られた「温情的処置」、というよりもむしろ第三類型の「客観的に整合非合理的」な対応そのものが、なお生き延び、「ポピュリズム」との癒着／悪循環に陥ってかえって補強され、こんどは「課程博士」の学位認定をめぐる「はたらきかけ」や「やりとり」のなかに再現されて、学問上厳正な第一／第二類型の原則的対応を、妨げてはいないか。それが、学位認定権の私物化／濫用（「ゲゼルシャフト的権限」として厳正に行使されるべき「職権」の濫用）という弊害を拡大再生産してはいないか。そうした動向の総体的結果として、専門職一般のモラル／モラールが低下し、偽造／偽装といった背信行為が多発するのではあるまいか。[24]

第二章　審査報告書「［論文］内容要旨」の検討

そこで、以上（第一章）の三理念型構成を柱とする一般的／仮説的な考察を踏まえ、一個別事例として羽入論文の審査報告書を検討し、仮説の検証に移りたい。

審査報告書は、万人の縦覧に供された公開文書である。本稿の読者には、「東京大学学位論文データベース」[1]（http://gakui.dl.itc.u-tokyo.ac.jp）を開き、所定欄に該当事項（著者名に「羽入辰郎」、学位授与年月日右欄に「1995. 03. 06」、種別に「課程博士」）を入力して、羽入論文にかんする正式の審査報告（書誌、内容要旨、審査要旨の三項目からなる）A4判二頁分を一覧されたい（本書にも、「内容要旨」「審査要旨」の全文を、巻末に付録として掲載する）。「書誌」項目中には、「論文審査委員」五人の氏名が明記されている。錚々たる顔ぶれである。ただそれだけに、「審査要旨」の内容には、追って第三章で明らかにされるとおり、驚くべきものがある。ここでは、「情報公開法を使って秘匿情報を引き出す」必要はなく、「すでに公開されている情報を閲覧して活かす」ことだけが、問題である。

ところで、拙著『学問の未来』における羽入書批判にたいしては、「学位認定後に改訂のうえ刊行された羽入書は、もっぱら羽入本人が責任を負うべきものであるから、羽入書をデータに、改訂前、の羽入論文を審査した委員たちの責任を問うのは失当である」との反論が、形式的な筋論としては予想される。そこで、ここ（第二章）では、当の認定時論文を、本人が論文に添付し、審査委員も承認して「審査報告書」に収録したにちがいない「内容要旨」欄の記載に沿って、直接検討していきたい。そのうえで、後続の第三章では、当の内容を、審査委員がどう捉え、どのように学位に値すると評価したのか、――こんどは審査委員自身による「審査要旨」欄の記載内容をデータとして、明らかにしていこう。

第一節　「内容要旨」の構成

審査報告書の第二項目「内容要旨」は、学位請求者羽入辰郎本人が論文に添付して提出した「要旨」ないし「レジュメ」を、最終的には審査委員にも認められる形にととのえて、収録したものであろう。

そこでまず、全体を概観すると、見出しのない前置きで、論文の趣旨が、つぎのように要約されている。すなわち、羽入は、「倫理」論文の「論証構成上重要と見做され得る幾つかの箇所」を取り上げ、「ヴェーバーが用いた、ないし用いた筈の原資料との照合に基づき、かつ、『職業としての学問』に見られるような学問における知的誠実性の主張の観点から彼の立論の妥当性を検証することを試みる」という。

そのうえで、その「試み」の「結論」が、(i)〜(vi)の六項目に要約される。

末尾には、つぎの「結び」が付されている。

「知的誠実性の観点から上記の点を検証する時最も致命的なのは論点(iv)であろう。それは過失ではなく、故意を意味している。本稿によって得られる結論は従って次のようなものとなる。ヴェーバーは『倫理』論文において、『職業としての学問』において彼が主張したほどには知的に誠実ではなかった、と。(2)」

そのあと、この論文の第I章が、Zeitschrift für Soziologie, Jg. 22, Heft, S. 65–75 に掲載され、第II章も、Archives européennes de sociologie への掲載が決定されている旨のただし書きが、パーレンに括って挿入されている。(3)

以下、前置き、(i)〜(vi)の「結論」六項目、および「結び」について、順次、内容上の検討を加え、その結果をつとめて簡潔に要約していこう。

第二節　前置きに顕れた「二重焦点」とその意味

短い前置きも、データとして読むと、学位認定をめぐる「やりとり」が外化／対象化され、凝結しているようで、興味深い。

羽入は、「倫理」論文の「論証構成上重要と見做され得る幾つかの箇所」を取り上げ、「原資料との照合に基づき、かつ、……知的誠実性の主張の観点から彼の立論の妥当性を検証する」という。とすると、羽入にとって、つきつめたところ、I「倫理」論文、とくにその「論証構成」が問題で、さればこそ「重要と見做され得る幾つかの箇所」について、「原資料との照合に基づき〔というのであるから〕」、「立論の〔歴史的〕妥当性を検証」し、ついでに知的誠実性の観点からも、（ヴェーバーの人格全体ではなく）当の「幾つかの箇所」における「彼の立論」にかぎって、その「妥当性」を「検証」しようというのであろうか（「倫理」論文研究）。それとも、IIヴェーバーの人格、しかも「知的誠実性の崩壊」が問題で、（学位請求論文では「詐欺師」「犯罪者」とまで決めつけられないものの）やはりそうした全称判断をくだして「ヴェーバーは『知的誠実性』の主唱者にして体現者」という定評を覆そうとし、「倫理」論文の「幾つかの箇所」は、そうした狙いを達成する「知的不誠実」の例証として好都合なので、そのかぎりで取り出す（したがって、「倫理」論文の主題にも「プロテスタンティズム・テーゼ」にも、じつは関心がない）というのであろうか（「人格」とくに「知的誠実性」否認の「ためにする」例証論議）。この点、前置きの文言では、羽入の「関心の焦点」がふたつのうちのいずれにあるのか、はっきりしない。つまり、前置きに表明されている羽入の問題設定は、「両義的 ambivalent」で、「二重焦点 double focus」をなしているように見受けられる。

ところで、かりに羽入の問題設定がIであるとすれば、学術論文の規範に照らして「客観的に整合合理的」には、①研究主体の羽入がなぜ「倫理」論文の「論証構成」に関心を向け、論文の主題として選定するのか、その主体的／「価値関係」的な根拠が示され、②その観点から、当の「論証構成」の関連側面が立ち入って具体的に論じられ、③そのなかで「幾つかの箇所」がいかなる位置を占め、④どういう意味で「重要と見做され得る」のかが明らかにされ、⑤その歴史的妥当性が「原資料との照合に基づ」いて検証され、⑥ついでに「知的誠実性の主張の観点から見た彼の立論の妥当性」も検討され、そのうえでさらに、⑦「幾つかの箇所」以外の（枝葉末節ではなく根幹部分の）諸箇所について、「倫理」論文を構成する諸環／諸部分であるからには、それぞれの位置（価）／重要性／歴史的妥当性、ついでに「知的誠実性」の観点から見た「立論の妥当性」が、順次論じられてしかるべきであろう。ところが、「内容要旨」のみか羽入論文本文も、⑥を除いて①〜⑦、とくに⑦には、まったく関心を示していない。「倫理」論文研究の観点から見ると、羽入論文は、ことあるごとに「知的誠実性」問題に脱線しては、些事拘泥の針小棒大な議論に耽り、主題と枝葉末節を取り違えていて、研究論文の体をなさない、と判定されざるをえまい。

してみると、羽入の主題的関心は、おそらくは当初（原論文提出時）から、I「倫理」論文ではなく、IIヴェーバーの「知的誠実性」に向けられていたのであろう。後の羽入書では、「序文」末尾で、かれの関心はプロテスタンティズム・テーゼの「歴史的妥当性」にはなく、もっぱらヴェーバーの「知的誠実性」問題にあると、「前もって警告」され（九―一〇頁）たうえ、後者について「ヴェーバーは『詐欺師』である、『犯罪者』である」（二、一八、一九二）と端的に全称判断がくだされ、表題まで『マックス・ヴェーバーの犯罪』と改められている。ところが、そこにいたる途上の「内容要旨」では、なにかの事情で、その趣旨をストレートには打ち出せず、そのために「二重焦点」性を帯びてしまったのであろう。では、どういう事情の介在が、明証的に推認されるであろうか。

いまかりに、羽入の主題がIIにあったとすると、「ヴェーバーの知的誠実性」を問いうる、また問うべき数多の著作群のうち、なぜ「倫理」論文だけ、しかもその「幾つかの箇所」だけを抜き出すのか、それら数カ所の検証で「ヴェーバーの『知的不誠実』ないし『知的誠実性の崩壊』」を結論づけることができるのか、との反問を避けられない。かりに「幾つかの箇所」に「知的誠実性」の観点から瑕疵が見つかったとしても、[4] そこから「ヴェーバーの『知的不誠実』」という全称判断を導くには、当の瑕疵自体の「致命的」な性質ばかりか、それらの箇所が、それぞれの瑕疵をもって「知的不誠実」という全称判断をくだすに足るほど、ヴェーバーの全人格表現／全著作中で枢要な位置を占めていると、併せて立証しなければならない。自分に好都合な例を恣意的に持ち出すだけでは、いくら並べ立てても学問的論証にはならない。

そういう操作は、知的誠実性とは縁もゆかりもない。「職業としての学問」で主張されている「知的誠実性 intellektuelle Rechtschaffenheit」とは、「自分にとって不都合な事実を直視する勇気」

の謂いである。好都合な例の恣意的列挙、とくにそうした操作への固執は、むしろ、他人を学問的論証ぬきに「知的不誠実」と決めつけようとする意図の表白として、かえって当然にも「なぜ、そういうことをしたがるのか」との疑惑をまねき、反転してその動機／動因を問われることになろう。

とすると、「内容要旨」に顕れたこの「二重焦点」も、学位認定時における表題の変更や「序文」／「結論部分」の削除と同じく、羽入本人がそうした疑惑をまねき、問題とされ、窮地に陥るのを防ぐために、審査委員が、羽入の当面の関心や意向に逆らっても、（主観的に）善意で（客観的にも）妥当な研究／論文指導の「はたらきかけ」をおこなった、という事情に由来し、その証左をなしているのではあるまいか。すなわち、審査委員は、羽入論文に、ヴェーバー断罪に勇み立ち、自分のなしうる学問的論証の範囲を踏み越えては大言壮語する、なにか囚われた動機を感知／看取し、羽入の企図の実現には、学問上は本来いかなる論証が必要かを説き、それにひきかえ羽入が書き上げてきた論文では問題設定IIへの学問的回答の体をなさない事実を指摘して、むしろ羽入がじっさいになしうる議論の射程に近いI（「倫理」論文研究）の方向――問題設定として穏当／控え目で、回答も可能と思える方向――に、論文の焦点をシフトさせようと試みたのではないか。そうした指導のために、論文提出から学位認定まで、一年以上の異例に長い月日を要したのではないか。そうした対応は少なくとも、羽入論文を閲覧した、まっとうな――というのは、羽入書すら絶賛して煽り立てる「山本七平賞」選考委員などとは範疇的に異なる――研究指導／審査委員に「起きうること」

「起きてもっともと思われること」ではあろう。

さて、羽入は、審査委員のそうした指導／助言を、納得して受け入れたであろうか。いな。ヴェーバー断罪に勇み立ち、定評転覆による耳目聳動を狙う「寵児願望者」が、そういう穏当な指導を心底から受け入れるとは、まず考えられない。この点は、いきり立つように断罪をエスカレートさせ、なりふりかまわず羽入書を公刊するにいたった、その後の経過からも、翻って証明されよう。

では、こういう（確かに厄介な）事態に、審査委員はどう対応したのか。問題は、ここにある。本来はここで、第二類型の原則的対応を堅持し、「学問的論証の体をなさない、恣意的でしかも間違った例証の列挙に、学術（文学）博士の学位を認めるわけにはいかない」と「突き放し」て、学位認定を「見送る」べきであったろう。ところが、審査委員は、（確かに異例に長い間「はたらきかけ」を持続したにせよ）最終的にはなぜか第二類型「消極的正面対決」の対応を堅持せず、むしろ極力穏便な学術論文の体裁はととのえ、（教授会ないし研究科の会議で）第三者の疑惑や異論をまねかずに学位だけは与えおおせる方向に、原則を緩め、妥協して、第三類型の「権威／温情」的対応に転じてしまったのではないか。そのかぎり、学位認定権の私物化／濫用に陥ったのではないか。[5]

おそらくは苦慮を重ねた末の、そうした対応を、羽入は、主観的には「権威主義」と感得し、後にはそう吹聴して「ひとり権威主義に抗する英雄」を装いながらも、当時は「学位取得のためには」と不承不承受け入れたにちがいない。その結果、当の妥協の方向に沿って、表題の変更／「序文」「結論部分」の削除とともに、「内容要旨」の「二重焦点」化が生じたのであろう。

このように解すると、一見奇異で不可解な数多の事実にも、説明がつくように思われる。たとえば羽入書「序文」末尾の「警告」は、一種異様に激越な口吻で語り出され、かえってその宛て先を洩らしているが、この事実も、こうした「やりとり」の意味連関のなかに置いてみると、「なるほど、さもありなん」と得心がいく。名門研究室の主任で、実績／実力もそなえた研究者による「学位に値しない論文への学位認定」という「客観的不整合」(「失態」「職権濫用」)への驚きも、他ならぬこの主任への異例の謝辞拒絶も、こう考えれば、氷解とまではいかなくとも、「ありうること」として「解明」され、「理解」されはしよう。ここではこの解釈を仮説として提出するにとどめ、追って審査委員側のデータによっても検証する。しかし、なによりも、当事者の自発的反論ないし釈明を期待したい。

第三節 「ピューリタン的 calling 概念の起源」の二義
——「語源」と「宗教的／救済論的起源」

では、羽入自身が羽入論文の「結論」として列挙している六項目の内容は、どうであろうか。それぞれの主張は、はたして妥当であろうか。

まず、(i) 項は、前置きにいう「幾つかの箇所」のひとつとして、「倫理」論文第一章「問題提起」

第三節「ルターの職業観」冒頭の注三末尾第六段落に見える原文一六行約一五〇字(6)を取り出して、論難を加えたものである。当の「結論」にいたる羽入の主張は、羽入書では第一章「“calling”概念をめぐる資料操作――英訳聖書を見ていたのか」に相当する。(7)

さて、ヴェーバーは、「ルターの職業観」節冒頭の三注で、ルターによる“Beruf”語義創始の歴史的経緯を論じ、問題の箇所では、当の“Beruf”語義（聖俗二義を併せ持つ「神与の職業」）を表す語（“calling”などの“Beruf”相当語）が、「その後すみやかに」ルター派の範囲を越えて普及した事実を、十六世紀イングランドの聖書英訳事業について概観し、確認している。そこでヴェーバーは、キリスト教のどの宗派にも重視された新約正典『コリントI』七章二〇節のklēsis（「神に召し出された状態／身分」）を、（旧約外典『ベン・シラの知恵』を格別に愛好した）ルター派以外の諸宗派の翻訳動向を比較する定点観測点に据え、折しも刊行され始めたOED（の前身『歴史的原理による新英語大辞典』）“calling”項目の記事に依拠して、英訳諸聖書における訳語を通覧した。すると、そのklēsisは、「一五三四年のティンダル訳」と「一五五七年の[英訳新約聖書]ジュネーヴ版」では“state”と訳出され、「身分」の意味に用いられたが、その「身分“state”」が、「一五三九年のクランマー公認訳」で、（ウィクリフ／ロラード派の伝統を引き継ぐ）“calling”に置き換えられている、という事実が目に止まる。当該辞典記事の執筆者マレーは、この箇所が「“calling”を“trade”の意味に用いるピューリタン的な概念[用語法]の起源」をなすと見た。そしてヴェーバーも、そこでは確かに、マレーの所見を「適切zutreffend」と見て、賛意を表している。

ところで、この箇所について、羽入は、「ヴェーバーは英国におけるピューリン的な“calling”概念の起源を論ずるに当たって度々英訳聖書に言及したが、……［云々］」と記し、マレーでなくヴェーバー自身がここで、「英国におけるピューリタン的な“calling”概念の起源を論じ」ていると見て、そう書き記している。しかし、はたしてそうか。そのばあいの「起源」とは、どういう意味か。「英国におけるピューリタン的な“calling”概念の起源」という表記を、「ある語の用法の起源＝語源」ではなく、「宗教思想上／救済論上の起源」と解すると、この意味の「起源」論とは、「倫理」論文の本論（第二章）で取り上げて論じられる主題に相当する。すなわち、後に「ウェストミンスター信仰告白」（一六四七）に表明されるような「二重予定説」から、平信徒大衆に「自分は、その神によって、来世における永遠の生命に選ばれているのか、それとも捨てられているのか」という深刻な不安が生まれ、この不安から逃れて「自分は『神の道具』に選ばれている」という「救済の確信」（「永遠の生命」の現世における予兆）に到達し、これを生涯維持するために、そうした「恩恵の身分」にあるキリスト者にふさわしい自己制御＝「禁欲」を実践する――しかも、よりよく「禁欲」を実践できるのであれば転換（転職）も可能な、したがって「伝統」の一部ではない――場／拠点としての世俗的職業という、まさに「ピューリタン的な職業概念」が生まれてくる、あの意味連関にかかわる議論、である。ところが、当該箇所の原文は、“die Quelle des puritanischen Begriffes ‘calling’ im Sinn von Beruf＝trade”とあり、「calling を trade にも当てて Beruf の意味に用いる［Beruf 相当語として使う］ピューリタン的な calling 概念［厳密には用語法］の起源」という限定された意味でしかない。(8)「起源」といっても、右記の「宗教思想的／救済論的な基礎づけ」も取得した、勝義の「ピューリタン的職業概念」の起源ではない。語 calling を、世俗的秩序を構成する「身分」の sub-division としての「職業」にも適用し、やがては「宗教思想的／救済論的な基礎付け」も取得し、trade にも適用され、そうして初めて『ピューリタン的職業概念』が十全に成立する、その一構成要素として、語“calling”の用法が緒についた、その意味で「起源」=「語源」をなす、というにすぎない。

ヴェーバーは、「マレーの指摘」を、この意味の「語源」論に限定し、そのかぎりで賛意は表した。しかし、同じ注三の第五段落末尾（問題の第六段落の直前）では、つぎのように断っている。すなわち、「［『倫理』論文の主題から見てもっとも重要な］カルヴィニストは、旧約外典［したがってそのひとつ『ベン・シラの知恵』］を聖典とは認めていなかった［から、その訳語をことさら問うにはおよばない］。かれら［カルヴァン本人とは区別される「大衆宗教性」の担い手］がルターの職業**観念**［原文強調］を承認し、これを強調するにいたったのは、いわゆる『救済の確信』の問題が重視されるようになった、［後代の］あの発展の結果としてであった［から、本『倫理』論文では、『ウェストミンスター信仰告白』（一六四七）以降の「あの発展」を、本論（第二章）の主題として詳細に論ずる］。かれらの最初の（ロマン語系の）翻訳では、この観念を示す語は用いられず、かつまた既に定型化（ステロ化）されていた国語［たとえばフランス語］中に、そうした語［Beruf 相当語］を慣用語として定着させることはできなかった［つまり、かれらの聖書翻訳は、「言語ゲマインシャフト」の歴史的・社会的条件による制約を被り、ルターの独訳とは異なり、「言語創造的意義」を帯びることはなかった］」。(9)

つまり、ヴェーバーは、問題の第六段落直前で、「ピューリタン的職業概念の宗教的起源」論は、「Beruf相当語の語源」論には尽きないと断り、それはむしろ「倫理」論文の主題として、本論（第二章）に送り込んで論ずる、と予告している。そして、その第二章第一節「世俗内的禁欲の宗教的基盤」で、予告どおり「宗教思想的／救済論的な基礎付け」の「あの発展」が論じられる。そのうえで、その論述を受けた同第二節「禁欲と資本主義精神」では、語“calling”が、ピューリタンの司牧者にして神学者のリチャード・バクスター（一六一五～九一）によって、さまざまな聖典の用例中、すぐれて『箴言』二二章二九節の“business”に当てられ、「ピューリタン的職業概念」がこの用例に凝縮して表現され、やがてフランクリン父子のもとにも達する歴史的経緯が、大筋において捉えられ、明記されている。

第四節　「虎の子」可愛さのあまり――パースペクティーフの転倒とその動因

ところが、羽入は、「内容要旨」（ⅰ）でも、羽入論文本文でも、「英国におけるピューリタン的な“calling”概念の起源」という表記のこの二義を弁別せず、その表記がただちに「倫理」論文の主題としての「宗教思想上／救済論上の起源」論をも包摂するかのように、混同して取り扱っている。そのうえで羽入は、ヴェーバーがそうした主題的なテーマについても、杜撰な、あるいは詐術に類する資料操作をおこなっていると主張し、かりにあるとしても限定された些少な「瑕疵」について、その射程の増幅を企てるのである。

しかし、もしも「英国におけるピューリタン的な"calling"概念の起源」という表記が「宗教思想上/救済論上の起源」を意味するとすれば、そういう主題的なテーマが、なぜ、本論に入るまえに、問題の注三第六段落、たった一六行約一五〇字で、論じられなければならないのか。当該の注記は、ピューリタニズムとは異質の宗教性に生きて、ピューリタン的な「禁欲」を「わざ誇り」として忌避したドイツのルターが、その宗教性の特質に即して、「ピューリタン的な"calling"概念」とは異質の「伝統主義」的な"Beruf"語義を創始する事情を、読者との「トポス(共通の場)」として、ただし「倫理」論文の全「論証構成」にとっては主題への周辺的一与件として、取り上げているにすぎない。「倫理」論文の全「論証構成」を一望しさえすれば、意味上バクスターをルターと混同している羽入流の読み方が、いかに突飛で、「倫理」論文そのもののパースペクティーフ[10]を覆し、主題と「トポス」とを取り違え、(「木を見て森を見ない」視野狭窄から)細部を針小棒大に誇張し、論者が主題に取り組むのを妨げている些事拘泥であるか、指摘するまでもなかろう。

ところが、そうした「パースペクティーフの転倒」が起きるには、それなりの理由/動機があろう。「倫理」論文の「論証構成」として客観的に見れば、別のところで主題化される題材について、さればこそ側面的に触れる、枝葉末節にひとしい注の片隅でも、なんとか「知的不誠実」を暴き出して定評を覆したい――そうした動機を制御できない――論者にとって主観的には、それでも「知的誠実性」について「難癖をつけられ」そうな「幾つかの箇所」のひとつ、いうなれば「虎の子」と映る。知的誠実性の規準に則って「倫理」論文の「論証構成」をザッハリヒに直視し、周辺節に付された注の片隅をまさに枝葉末節として見据えたのでは、せっかくの「虎の子」も、小さく、みすぼらしく見える。そこで、「虎の子」を「大きく、雄々しく」見たい、見せたい一心から、主題と枝葉末節、「扇の要」と「末端」とがひっくり返され、「虎の子」が前景に立ち現れ、「扇の要」に居座って動かなくなる。しかも、自分がそう信じて自己満足に耽るというだけならまだしも、いったんそう思い込むと「だれもが同じように思い込んでいる」と思い込んでしまう（幼弱な自己中心的彼我混濁癖）。そうした「思い込み」を論証して暴露し、「打ち砕き」、「価値自由」でザッハリヒな思考主体に育成することこそ、大学／大学院教育の課題なのであるが。

ちなみに、そうした「虎の子」誇大視動機による「パースペクティーフの転倒」が、「倫理」論文の（見つけられたとしても）些細な「瑕疵」から「知的不誠実」の全称判断へと飛躍／短絡し、その無理を糊塗／隠蔽する戦略のひとつであるとすれば、いまひとつは、当の「瑕疵」を「過失でなく故意」に持ち込む戦略であろう。「過失」の暴露だけでは「自己批判による是正」によって解消されもするので、全人格的断罪は難しい。ところが、「どんなに小さなことでも嘘をつく人は嘘つき」というような、「個々の行為を全人格の症候／象徴と見て、個々の行為について全人格を問う」「厳格主義」の規準を適用すれば、たったひとつの詐術でも、全人格を断罪できる。そこで、羽入は、「資料の取り扱い方」について、ひとつでも「故意」の「詐術」を探し出そうとし、探し出せなければ、「詐術」を「不作為の作為」として強引に「捏造」しようとする。
この両戦略が奏功しているかどうか、「結論」のひとつひとつについて検証していこう。

第五節　「パリサイ的原典主義」の自縄自縛――「OEDの誤り」捏造

同じ(・i)項で、羽入は、ヴェーバーが当該箇所で「英訳聖書を手にとって見」ず、ほとんど「OEDの“calling”の項の記載に依拠し」たと非難し、そのことはヴェーバーが「聖書のタイトル頁を見さえすれば避け得たような」「OEDの単純な誤りをそのまま引き継いでしまっていることから論証しうる」と主張している。(11)

さて、ヴェーバーはなるほど、先にも触れたとおり、ルターによる“Beruf”語義創始直後の“Beruf”相当語の普及を、ルター派の範囲を越え、十六世紀のイングランドについて通覧したさい、当該「言語ゲマインシャフト」における語義「諒解」の歴史的変遷を、英語語彙の語義史/用例に通じている碩学マレーの大辞典記事に依拠して確認した。(12)それがなぜ、非難に値するのか。

むしろそういう非難は、当該箇所の限定された論点を主題と取り違える「パースペクティーフの転倒」に加えて、他人の立論にかぎっては無条件に「原典との照合」を要求する、「なにがなんでも原典主義」のパリサイ(主義)的適用を前提としており、むしろそうした前提の問題性を顕示する所作ではなかろうか。自分の「虎の子」にかぎっては「英訳聖書を手にとって」見て、「論文にまで仰々しく」写真を掲げても、当の聖書を繙いて、そこに刻まれた文字／文字群の（外形のみでなく）意味を、「言語ゲマインシャフト」の歴史的・社会的諸条件を考慮しながら、聖典の性格に応じ、コンテクストに即し、比較対照して汲み出し、自分の研究に積極的に活かそうとするのではなく、もっぱら他人の立論を否認するために利用しようとするだけでは、「原典主義」も自縄自縛に陥って有害無益、というほかはない。論文指導員／審査員のなかに文献学者がいたとすれば、そうした論点を具体例として、本物の文献学者はそうした「パリサイ的非難」には耽溺しない、と諭したことであろう。

さらに、当のOED依拠を裏づける「OEDの単純な誤りの継承」という論点も、そもそも「OEDの単純な誤り」からして、すでに羽入の牽強付会にもとづく捏造である。というのも、羽入が「単純な誤り」と見るのは、"1557 Geneva, in the same state wherin he was called" というOEDの記載である。ところがこれは、ウィリアム・ホィッティンガム（一五二四頃〜七九）らが、確かに一五五七年にジュネーヴで刊行した英訳新約聖書を指している。当時ジュネーヴでは、一五五七年の新約と一五六〇年の新旧約全書との二種の英訳聖書が刊行されたが、OEDの当該箇所では、新約『コリントI』七章二〇節 klēsis の訳語が問題とされるので、初出として前者を採用したまでであろう。OEDの記載にも、ヴェーバーによる継承にも、なんら問題はない。ただ、羽入だけが、英訳新旧約全書にのみ「ジュネーヴ聖書」という「正式名称」が付されていると決め込み、(13)

「一五五七年のジュネーヴ聖書などありえない」と主張し、こうした牽強付会をもって「OEDの単純な誤り」、ヴェーバーがもっぱらOEDに依拠した「証拠」を捏造するのである。「価値関係」性のかぎられた当該箇所では、ヴェーバーが理由あってOEDに依拠し、英訳聖書を手にとっては見なかったとしても、なんのことはない。そこを羽入は、「パースペクティーフの転倒」と「価値関係」性に無頓着な「なにがなんでも原典主義」のパリサイ的適用とによって「一大事」/「致命傷」に仕立てるばかりか、そうした断罪のためには、無理な理屈を捏ねて「OEDの単純な誤り」まで捏造する。本末転倒の「ためにする議論」としかいいようがない。

第六節　『ベン・シラの知恵』発「言霊伝播」説——被呪縛者はだれか

さらに羽入は、ヴェーバーが「OEDに記載されていた『コリントI』七章二〇節の用例のみに依拠せざるを得なかった」ため、英訳『ベン・シラの知恵』における訳語を調べられず、『ベン・シラの知恵』一一・二〇、二一における"Beruf"という訳語こそが、ルターが創始した"Beruf"という語の、新たな用法なのであり、そしてその語こそがプロテスタント諸国のそれぞれの国語に影響を与えたのである、との元来の彼の主張」を「論理的に破綻させ」てしまった、と主張する。

では、羽入のいう「元来の彼の主張」とは、はたしてヴェーバー本人に帰せられるのか。これも、羽入がたまたま自分で調べた『ベン・シラの知恵』一一章二〇節、二一節の英訳語が「倫理」論文には記載されていないという（前記のとおり当然の）事実を、ヴェーバーの「杜撰」あるいは（調べると自説が破綻すると予想して、わざと調査を怠った）「狡い杜撰」と決め込み、その位置価を誇張して「致命傷」に仕立て、短絡的に「ヴェーバーの知的不誠実」主張に結びつけようとした（羽入流「パリサイ的原典主義」と「パースペクティーフの転倒」との）所産ではあるまいか。

なるほど、ルターにかぎっては、（かれとルター派は、伝統主義的基調ゆえに愛好した旧約外典『ベン・シラの知恵』一一章二〇節、二一節の ergon と ponos に Beruf を当てることで、聖俗二義を併せ持つ Beruf 語義を創始した。しかし、だからといって、「言語ゲマインシャフト」の歴史的／社会的諸条件も、旧約外典にたいする評価も異なる「プロテスタント諸国」の諸宗派の改革者／翻訳家が、なにか「判で押したかのように」ルターの先例に倣い、みな一律に『ベン・シラの知恵』一一章二〇節、二一節の ergon と ponos に自国語の Beruf 相当語を当てることから始めて、ルターと同等の「言語創造的意義」を帯びる言語改革を押し進め、かつ達成した、というわけではない。ヴェーバーはもとより、およそまともな歴史的センスをそなえた社会科学者（あるいは宗教学者）が、キリスト教の多様な歴史的展開を無視して、そうした荒唐無稽な想定に耽るはずもない。

むしろこの想定は、ルターの『ベン・シラの知恵』句意訳に発する「言霊」が、歴史的・社会的諸条件の相違を越えて「プロテスタント諸国」に画一的に伝播していくかに決め込む、「魔術」的カテゴリーの呪縛を表白している。ところが、「唯『ベン・シラの知恵』回路説」とも名づけられるべき、そうした「言霊伝播説」「言霊崇拝」的想定こそ、「ヴェーバーの『魔術』からの解放」を説く論者を呪縛して離さず、前記のとおりヴェーバー非難の無自覚的前提をなしているのである。

元来は、そういう論者に、たとえば「倫理」論文の具体的読解とその意義の解説をとおして、「魔術」的カテゴリーからの解放を促すことこそ、大学／大学院教育の課題であったはずである。しかし、当人は、なんと学位請求論文にいたっても、彼我混濁癖から、自分の「唯『ベン・シラの知恵』回路説」をヴェーバーに投射して、「かれの元来の主張」と決め込んで怪しまない。

繰り返しを厭わずにいえば、ヴェーバーは、ルター派の範囲を越えるプロテスタント諸派の訳語にかんする比較研究には、定点観測点として、（ルター派は特段に愛好したものの、「倫理」論文の主題にとって最重要なカルヴィニストは「聖典」とは認めなかった）旧約外典『ベン・シラの知恵』は不適当で、どの宗派にも重視された新約正典『コリントI』なら適当という確たる理由があって、『コリントI』の関連第七章を選定し、さればこそ『コリントI』七章二〇節の訳語用例を蒐集したOEDに依拠したのである。ところが、羽入には、そうした方法的熟慮も研究手法の意味も、分からないらしい。ヴェーバーは「情けないことに」もっぱらOEDに依拠せざるをえなかったので、そこに収録されている（羽入にとっては「まったく無関係で無意味な」）『コリントI』七章二〇節の用例でことを済ませ、「お茶を濁す」ほかはなく、「肝心の」英訳『ベン・シラの知恵』諸版を「手に取って」、一一章二〇節、二一節の英訳を突き止めることができなかった（「杜撰説」）、あるいは、「手に取る」と、訳語がBerufでなくて不都合なので、わざと原典検索を怠った（「狡い杜撰説」）と決めつけ、「なにがなんでも原典主義」の衒学癖／パリサイ性を誇示する。じつは、羽入の「唯『ベン・シラの知恵』回路説」『ベン・シラの知恵』発『言霊伝播』説」が当然にも破綻しているだけなのに、ご本尊の脳裏には、「元来の彼［ヴェーバー］の主張」が「論理的に破綻」しているかのように映し出されているのである。

第七節　実存的な歴史・社会科学をスコラ的な「言葉遣い研究」と取り違える

つぎに、第（ii）項は、同じく「ルターの職業観」節冒頭第三注第四段落[14]における『コリントI』第七章の引用について、ヴェーバーが、「ルター自身の校訂によるルター聖書」ではなく、「ルターの死後幾度となく改訂された末の、一九〇四年当時の〝現代の普及版ルター聖書〟」を用いた事実を取り上げ、これを再度、すでにお馴染みの「パリサイ的原典主義」を前提として、難詰材料に仕立てている。すなわち、羽入は、ヴェーバーがそこで、本来なら前者を用いるべきところを、それが「できない」ので、あるいは「用いると七・二〇の訳語がBerufでなくRufで、不都合」なので、（七章二〇節をBerufと訳出している）後者で代替し、ただこの「操作」が後に問題とされたばあいのことを気遣って、「現代の普通の版［におけるルター聖書］ではin den üblichen modernen Ausgaben」といちおう断ってはおいた、というのである[15]。この主張は、つぎの第（iii）項とともに、羽入書では第二章「"Beruf"-概念をめぐる資料操作——ルター聖書の原典ではなかった——」に属する論点である。

しかし、この難詰も、ヴェーバーがそこで『コリントI』第七章を取り上げ、しかもその（二〇節のみでなく）一七〜三一節をほとんど逐語的に引用しているのはなぜか、その趣旨が分からず、『ルターの言葉遣いの研究』だから、ルター聖書の原典を使わなければならない」と頭から決めてかかる「パリサイ的原典主義」の短見というほかはない。

まず、ヴェーバーは、自分自身と同時代人読者との実存的関心から切れたところで、ただ「宗教改革の父ルター」の「言葉遣い」を、たとえ「原典」には依拠するにせよ、もっぱら自己目的的／自足完結的に詮索するスコラ的な記述歴史家ではなかった。ヴェーバーの知的営為は、近代「職業人」の窮境を引き受け、その来し方行く末を自文化圏の運命として見きわめようとする（みずからの実存的危機において孕まれた）問題関心を、起点としている。[16] そして、その問題を、（同じく当の「職業観」に縛られながらも、その由来については「没意味化」によって不確かになってしまっている）同時代人に投げかけ、そこに形成される「トポス（共通の場）」から出発して、その歴史的起源を掘り起こし、そこから現代への展開の跡をたどり、こんどは「意味覚醒」にもとづく自覚的な態度決定を促して、そうした模索に思考素材を提供しようとする、そういうすぐれて実存的な歴史・社会科学なのである。

このスタンスが、学問的著作、たとえば「倫理」論文にも貫徹されている。「問題（提起）」と題された第一章についてみると、第一節「宗派と社会層」では、「近代的社会層（職業階層）」帰属におけるカトリックとプロテスタントとの有意な差異、第二節「資本主義の精神」では、「博愛家」フランクリンにおける「職業的営利追求の倫理化」、第三節「ルターの職業観」では、“Beruf”や“calling”のような「聖俗二義を併せ持つ」日常語彙、といった同時代人読者にお馴染みの「トポス」が設定され、そこから一歩一歩、それぞれの節題へと叙述が進められる。そればかりではない。さらにその「トポス」論議の内部でも極力、たとえば問題の注三第四段落でも、同時代人読者が「手に取りやすい」普及版ルター聖書が、さればこそまさに意図して用いられている。

　引用について通例は簡潔にすませるヴェーバーが、そこでは、「資本主義の精神」を「暫定的に例示」するための「フランクリン文書抜粋」引用と同じく、一七〜三一節をほとんど逐語的に延々と引用しているのは、なぜか。それは、読者自身に、二〇節の一般命題のみでなく（ましてやそのなかの一語のみではなく）、一七〜三一節の具体例にも当たって、「神の召し／ないしその状態 klēsis」が一八／一九節で割礼‐包皮別の「種族的身分」、二一〜二三節で奴隷‐自由人別の「社会的身分」、二五節以下で妻帯‐単身別の「配偶関係身分」として捉えられ、その趣旨が二〇節と二四節で、「各人は召されたときの状態〔このばあいは右記のような身分〕にとどまれ」との一般命題に集約されている事実、したがって、現世の客観的秩序を構成する単位としての「身分」が、そのようにひとたび神の摂理として捉えられたならば、その摂理観が個別／緻密化されれば、客観的秩序のうち「身分」よりもさらに個別的な subdivision の「職業」への編入も、「神の摂理」による「召し出し」と見られうるという関係をこそ、そのコンテクストから具体的に読み取ってもらいたいからである。というのも、ここでは、ルターが、二〇節の klēsis を Beruf と訳出したかいなか、ではなく、一七〜三一節のこのコンテクストと、ここに表明されている思想こそが重要である。これを客観的な与件として、ルターにおける摂理観の個別／精緻化という主体的契機が加われば、世俗的職業をも「神与の使命」として捉える職業観が成立する。このように、そのコンテクスト（「架橋句」）に表明された思想を媒介として初めて、Beruf を、「神の召し」あるいはせいぜい「聖職への招聘」に限定していたルターの純宗教的（第一種）用法（『エフェソ人への手紙』他）から、まったく世俗的な職業に当てる（第二種）用法（『ベン・シラの知恵』）への移行が可能となる。そういう「客観的可能性」の確認のうえに、この可能性を実現する主体的契機が、つぎの第五段落で、ルターにおける摂理観の個別／精緻化と伝統の神聖視に求められるわけである。

ちなみに、ヴェーバーは、ルターにおける Beruf の用語法に、第一種と第二種との二種類を数えるのみで、第三種は認めていない。第一種は『エフェソ人への手紙』他の「神の召し」「聖職への召し」という純宗教的語義の用法、第二種は『ベン・シラの知恵』の「神与の世俗的職業」という現代に通じる語義の用法である。とすれば、ヴェーバーは、ルターが『コリントI』七章二〇節にも Beruf を当てたと見て、その Beruf を「身分」という語義の第三種用法と認めたわけではないことになる。『コリントI』七章二〇節 klēsis の訳語は、Beruf の用法の一種ではなく、全体として「架橋句」と呼ばれている『コリントI』七章一七節〜三一節中の一語にすぎない。

そのklēsisの訳語をRufからBerufに改めるかどうか、という問題と、当の架橋句全体に表明された思想を媒介として成立した職業観を、いかなる語彙をもって表明するか――RufでなくBerufを選定し、これを（元来は完全に世俗的な職業ないし職業労働という意味の）ergonやponosにも当てるかどうか――という問題とは、別個のふたつのことであり、区別して論じられなければならない。前者を与件としなければ後者も成立しない、というのではない。折からの「アウグスブルク信仰告白」（一五三〇）では、プロテスタントの教理が正式に表明され、その第一六条では「世俗の政府、警察、婚姻などのいっさいを、神の秩序として尊重し、各人がそうしたもろもろの身分Ständeにあって、キリストの愛と善行とを、そのBerufに応じて証しすべし」と宣言されていた。ルターは、強大なカトリック勢力を敵とする熾烈な社会的闘争としての宗教改革が、ここまで到達した情勢を受けて、そのBerufをこそ、（伝統主義的基調ゆえに特愛した）『ベン・シラの知恵』の翻訳（一五三三）で、ergonばかりかponosにも当て、世俗的職業に「神与の使命」という意味を与えると同時に、当の職業に固くとどまって堅忍せよと説く伝統主義的職業観を、それだけ強く打ち出そうとしたのであろう。その蔭で、『コリントI』七章二〇／二四節の、元来は終末論的に動機づけられたklēsisの（RufからBerufへの）改訳は、いわば情勢に取り残され、置き忘れられたといえまいか。いずれにせよ、ヴェーバーにとって「知るに値する」重要性をそなえていたのは、『コリントI』七章二〇節かぎりのklēsisの訳語（「ルターの言葉遣い」）ではなく、完全に世俗的職業を表す語ergonとponosに、従来は完全に宗教的意味にのみ用いられてきた第一種用法のBerufが当てられ、完全に二重語義の、今日の Beruf 語義が成立／誕生した、という事実、これである。

ヴェーバーは、ルター自身による『コリントI』七章二〇節 klēsis の訳語が、一五二二／二三年には Beruf でなく Ruf であった事実を知悉し[17]、当該第四段落末尾と第二段落末尾との二箇所で、（羽入も写真入りで紹介している）『エアランゲン版ルター著作集』第五一巻五一頁の参照を指示しながら、確認／明記している。とすれば、その前後の一七〜三一節を、同じ『エアランゲン版ルター著作集』第五一巻から引用して第四段落に記すことは、いとも容易だったにちがいない。ところが、ヴェーバーはそうしないで、わざわざ「現代の普及諸版」を用いた。とすると、「普及諸版」からの引用にはなにか特別の意味があるのではないか、と考えるのが自然であろう。そのうえで、異例に長い逐語的引用の事実と「フランクリン文書抜粋」の類例とを関連づけ、実存的な歴史・社会科学というかれの著作の根本性格に思いをいたすならば、まずまちがいなく「トポス」設定のためと読み取れるはずである。

そこのところを、羽入は、ヴェーバー著作の根本性格を理解せず、「ルターによる言葉遣いの研究」と取り違えたうえ、七章二〇節のみに視野を狭め、「ルターにおいて、一五二二／二三年の Ruf が後に Beruf に改訳され、この Beruf が一五三三年に『ベン・シラの知恵』の ergon と ponos にも当てられる」と早合点し、この「Beruf 改訳説」を持ち前の彼我混濁癖からヴェーバーに押しかぶせる。そうしておいて、この「Beruf 改訳説」を、同じく持ち前の「パリサイ的原典主義」の前提に乗せ、ヴェーバーはルター聖書の原典にあたって確認しなければならないのに、そうせずに

（「杜撰説」）、あるいは、確認を企てると、Beruf への改訳がなされていない「不都合」に直面しかねないので、わざと確認を怠り（「狡い杜撰説」）、「現代の普及版」で「お茶を濁し」、この「トリック」を見破られたときのことを考えて、その旨「こっそり」断ってはおいた、というのである。いかにも羽入が考えそうなことではある。

しかし羽入は、「倫理」論文の全「論証構成」から見て、コンテクスト全体としては多少意味をもつ架橋句についても、一訳語の外形（それも Ruf か Beruf か）に拘泥し、そういう枝葉末節を、Beruf 語義の成立にとって、さらには「論証構成」全体にとっても決定的であるかに思いなし、描き出す「パースペクティーフの転倒」に陥っている。しかも、当の些細な問題そのものにかぎっても、確たる理由があり、明示的に断ってもある「普及諸版」使用を、その理由が分からないばかりに、自分がやりそうなことを読み込んで、「杜撰」ないし「なにかいかがわしい資料操作（狡い杜撰）」に捩じ曲げている。論難は二重に失当というほかはない。

第八節　当然のことを「アポリア」と錯視、「疑似問題」と徒労にのめり込む

つぎの第（iii）項で、羽入は、「フランクリンが『自伝』において引用した『箴言』二二・二九を、ルターが“Beruf”ではなく“Geschäft”と訳してしまっていたというアポリア」と切り出し、当の

「アポリア」を「回避するに当たってヴェーバーが用いた、ルターによる翻訳の時間的前後関係に依拠する論点が維持され得るのは、初版年代に目を奪われている限りにおいてのみであって、ルター自身による初版後の改訂作業も視野に収めるならば、維持されがたい」と主張している。

ところが、すでに本稿第一章第七節で簡潔に要約したとおり、『箴言』二二・二九を、ルターが“Beruf”ではなく“Geschäft”と訳して」いたという事実は、「アポリア」でもなんでもない。ルターの宗教性と、そのルターにとって『箴言』二二章二九節が（『ベン・シラの知恵』一一章二〇節、二一節とは異なって）なにを意味したか、を考えてみれば、当然のこと（「意味適合的」）である。

羽入は、この当然のことを「アポリア」と錯視したばかりでなく、持ち前の彼我混濁癖から、ヴェーバーも当の事実を「アポリア」と捉えて「回避」しようとしたにちがいない、と決めてかかり、「ヴェーバー藁人形」を立ち上げる。すなわち、ヴェーバーは、もっぱらそうした「アポリア回避策」として、「ルターの職業観」節冒頭に膨大な注記を施し、「ルターが、『箴言』句“Geschäft”訳の数年後には、『ベン・シラの知恵』句を“Beruf”と訳出したからには、その後は『箴言』句も“Beruf”と訳出しているにちがいない」と暗に主張し、そのように「時間的前後関係」を持ち出して「アポリアを回避」しようとした、と決めてかかる。ところが（羽入によれば）、ルターによるその後の聖書「改訂作業を…視野に収め」ても、『箴言』句は“Geschäft”のままで、「ヴェーバーの主張」に反し、「アポリア」は回避されない、というわけである。

さて、ヴェーバーは、“Beruf”語義の創始を、聖書の原文ではなく、翻訳者たちの精神に帰している本文に、[18] 問題の注を付し、その注記に、そうした「意味（因果）帰属」の課題を送り込んでいる。ヴェーバーが『箴言』二二章二九節を引き合いに出すのは、当の課題を果たす途上で、『ベン・シラの知恵』句における“Beruf”語義の創始を、翻訳者ルターの伝統主義にもとづく意訳に「意味（因果）帰属」するコンテクストにおいて、そのための常套手段・類例比較の対照項としてである。すなわち、伝統主義的な基調が顕著で、さればこそルターとルター派には特愛された『ベン・シラの知恵』のコンテクストのなかで、ルターによって一五三三年に“Beruf”が当てられる原語 ergon (m^{e}lā’khā) は、なるほど『箴言』二二章二九節にも用いられている。しかし、そこでは、「わざ m^{e}lā’khā の巧みさ māhiyr」がフリー・ハンドで称揚され、ルターの嫌う「わざ誇り」を触発する傾きを帯びている。そこで、ルターは、『ベン・シラの知恵』を訳す数年前に『箴言』二二章二九節を訳したときには、原語としては同一の ergon, m^{e}lā’khā に Beruf を当てず、あっさり“Geschäft”と訳した。ところが、数年後の『ベン・シラの知恵』訳では、ergon (m^{e}lā’khā, work) ばかりか、「神の懲罰としての苦役」という意味合いを帯びる世俗的労働 ponos (toil) にさえ、原意に逆らってまで、つまり、原文ではなく翻訳者の精神において、“Beruf”を当てた。このように『箴言』二二章二九節を、時間的に至近の類例として引き合いに出し、比較対照することによって、『ベン・シラの知恵』でじっさいに起きた“Beruf”語義の創始を、原文/原語ではなく、翻訳者の精神に、しかもルターのばあいは伝統主義の精神に、的確に「意味（因果）帰属」している。

ところが、羽入には、「膨大な注記」とそのなかにおける『箴言』句引用のコンテクストも、こうした類例比較の方法的意味も、分からないらしい。原語の語形が同じだから、翻訳主体ルターにとっても『箴言』句と『ベン・シラの知恵』句とは同義／等価にちがいないと暗に決めてかかり、この誤った前提のうえに「後者が“Beruf”と訳されたからには前者も早晩“Beruf”と訳されなければならない」、あとは時間の問題」と早とちりして、「時間的前後関係」という「疑似問題」にのめり込んでしまう。これでは、ルターの「改訂作業をも視野に収め」ていくら調べても、徒労に帰するほかはない。いつまでたっても『箴言』二二章二九節は“Geschäft”のままで、“Beruf”に改訂されるはずがない。翻訳主体ルターにとっての意味関係からすれば初めから分かりきっていることを、当然にも「立証」するだけに終わる。

ただ羽入だけは、それで「アポリア回避策の破綻が証明された」と独り合点し、「鬼の首でも取ったかのように」得意になってしまう。こうした自己満足のために、いつまでたっても「倫理」論文の読解、また（そこにも縦横に駆使されている）「意味（因果）帰属」の方法の会得には、到達しない。はるか手前で、自分の「没意味・無方法・弱論理」から持ち込んだ「疑似問題」とこれをめぐる妄想に囚われ、自縄自縛のまま、なんと「ヴェーバーの『魔術』（呪縛）からの解放」を唱える。自分が客観的に演じている役割の悲喜劇性には無頓着のまま。

大学／大学院の指導教員としては、おそらく「本人がいきり立って、諭しても聞かない」という事情はあったにせよ、「倫理」論文に適用／展開されている「意味（因果）帰属」の方法を、たとえば（本人が関心と視野を絞ってみずから取り出してきた）この注記内部の些細な事例についても、具体的に挙示／解説しながら、「アポリア」との思い込みを方法会得の欠落ゆえと戒め、(優しくいっても聞かなければ) 荒唐無稽な臆見として暴露すべきであった (第一類型ないし第二類型対応)。そのようにして、「疑似問題」をめぐる妄想と徒労の「成果」を誇示して満天下に恥をさらすことは、事前に防いでやるべきではなかったか。そうせずに「見切り発車」(第三類型対応) してあとは「知らん顔」とは、「いささか意地が悪い」とも見えてくるのだが。

第九節　『アメリカにうんざりした男』からの孫引きとその意味

つぎに、第 (iv) 項は、「倫理」論文第一章第二節「資本主義の精神」第四段落の「フランクリン文書抜粋」引用とその導入句[19] (原書で約一頁分) を取り上げている。「ヴェーバーは、『資本主義の精神』を〝既に宗教的基盤が死滅したもの〟として構成したにもかかわらず」、当の引用では「フランクリンによる宗教的なものへの言及部分を、それも予定説の神への言及部分を前もって削除し」、後の「倫理」論文改訂のさいには、導入句として「フランクリンの二つの文章は、『宗教的なものへの直接の関係を全く失っており、それ故——我々の主題にとって——「無前提的」であるという長所を示してくれている』……と加筆した」。羽入によれば、この引用時削除と改訂時加筆とは、「資本主義の精神」概念を構成するさいに犯されている「(宗教的なものを宗教的なものによって説明する）同義反復 Tautologie」ないし「（結論を前提として証明する）原理請求 Petitio principii」を二重に糊塗／隠蔽する「詐術的操作」に当たる。この論難は、羽入書では、第四章「『資本主義の精神』をめぐる資料操作――大塚久雄の〝誤読〟――」の主張に相当する。

そのうえ、羽入は、「結び」で、この問題点（iv）を「過失でなく、故意を意味」するとみなし、「知的誠実性の観点から……最も致命的」と断定する。羽入は、例の「過失でなく、故意に持ち込む」戦略を、他の（i）〜（iii）、（v）（vi）項目にも適用したが、いずれについても「故意」を突き止めたとはいい切れなかった（そう「結論」には集約しきれなかった）。ただ、この第（iv）項だけは、まちがいなく「故意」の「詐術」で、この一点でヴェーバーの知的誠実性が崩壊する、と特筆しているわけである。しかし、はたしてそうか。ここでは、問題を「引用時削除」と「改訂時加筆」とのふたつに分けて検討しよう。

まず、前者についてであるが、ヴェーバーは、「フランクリンの二つの文章」を、「固有の意味におけるフランクリン研究」のためではなく、「資本主義の精神」について「歴史的個性体」概念を構成するために、当初の「暫定的例示」に最適の素材（認識手段）として、しかも二文書中の特定の要素にのみ光を当て、「合目的的」に抜粋し、引用した。そのうえ、このばあいにも読者との「トポス」を設定するために、フランクリンの二文書そのものからではなく、キュルンベルガー著『アメリカにうんざりした男』に「ヤンキー主義の信仰告白」として引用されている一節から、わざと孫引きしている。[20]というのも、キュルンベルガーの著書は、「倫理」論文発表当時のドイツ人読者が「手にとって読んでいる」か、さなくとも容易に読めるうえ、そこにはドイツ人に典型的な「アメリカ嫌い」が表白されている。したがって、そういう馴染みの意味内容を逆手にとって、読者を「資本主義の精神」の「知るに値する」本質に案内していくと同時に、当の「アメリカ嫌い」のルター派的背景にも光を当てて、自分たちが馴染んでいるエートスを対自化して捉え返すこともできる。その意味で「一石二鳥」である。こういうところにも、歴史・社会科学ではあっても、「実存的投企」「実存的コミュニケーション投企」の一環をなすヴェーバー著作の根本性格と、そこに由来する「資料の取り扱い方」の柔軟性が窺われよう。

　それはさておき、ヴェーバーは、孫引きのさい、フランクリンの原文も参照して、キュルンベルガーが省略していた（神表記を含む）箇所には、ヴェーバーが省略符号を付けている。キュルンベルガーは引用していた神表記を、ヴェーバーが「不都合なので削除した」というのではない。「フランクリンによる宗教的なものへの言及部分を……前もって削除した上で引用し」た、という羽入の非難は当たらない。

　しかし、そうだとしても、ヴェーバーは、キュルンベルガーの削除箇所に含まれていた神表記も、フランクリンの原文で読んで、知っていたはずである。とすると、ヴェーバーは「これ幸い」とばかり、「素知らぬ顔で」「ぬけぬけと」キュルンベルガー引用だけを引用して「胸をなで下ろした」のではないか。

第一〇節 「フランクリンの神」が「予定説の神」とは、誤訳の受け売りと誇張

ところが、そこに表記された「神」は、「予定説の神」ではない。[21] ヴェーバーにとって、引用してもなんら「不都合」ではない。むしろ羽入が、キュルンベルガーによる削除箇所の神表記にかんする（そこに見られる pre-destine でも pre-determine でさえない determine に「預定」を当てていた）大塚久雄の誤訳[22]に飛びつき、大塚の誤りを学問的に是正するのではなく、逆にそこから「予定説の神」を立ち上げてしまったのである。[23]「あのベンジャミン・フランクリンが『予定説の神』を信じていたなんて、ほんとうだろうか、そんなことが歴史上ありえようか」と、一瞬立ち止まって考えようともせずに。

問題の箇所で、フランクリンは、若い実業家志望の青年に、「正直にして得られるものは残らず手に入れ、得たものは残らず節約する……人は、必ず富裕になろう」と説諭／激励している。そうしておいて、ただ、そういう人間の努力にたいする「神」の（「予定」ではなく）応答として、「なる」はずのものが「ならない」、あるいは「なった」ものが「失われる」こともありうるから、「神」への「畏怖」と「感謝」を忘れないように、また、現在は恵まれていない人を「神に捨てられた」と見て「無慈悲」に振る舞うことのないように、との戒めも忘れなかった、というまでである。[24] フランクリン資料のうち、羽入が重用する『自伝』にも、ベンジャミンが「長老派の敬虔な教えを受けて育っ

た」けれども、「予定説」は「不可解」と受け止め、むしろ人々の間に対立を持ち込む「有害無益」な教説として捨て去ったこと、ただし神の存在／世界創造／世界統治／善行嘉納／霊魂不滅／信賞必罰は信じて疑わなかったこと、が明記されている[25]。また、かれの「神観」／「万神殿Pantheon」が、「予定説」の「隠れたる神」を「至高存在」として人間から遠ざけ、代わっては「諸々の神々」のなかから、人間の道徳性を鼓舞／助成すると見られる「勧善懲悪神」「信賞必罰神」を、まさにそれゆえ前面に取り出して崇拝と賛美を捧げる「拝一神教」ともいうべき構成をそなえていることは、かれが「長老派」の祈禱に代えて考案した「信仰箇条と宗教的行為」（一七二八）から窺い知ることができる[26]。

第一一節　「フランクリン研究」と「『資本主義の精神』を例示するフランクリン論及」との混同
――ヴェーバー歴史・社会科学方法論への無理解

そういうわけで、羽入のいう「フランクリンの二つの文書」から削除された箇所にある「フランクリンの神」とは、「予定説の神」ではない。したがって、たとえそれを孫引きのさいに復元するとしても、別に「同義反復」ないし「Petitio principii」にはならない。ただ、その「フランクリンの神」が、「予定説の神」と、歴史的／神学的また宗教社会学的にどういう関係にあるのか、という興味深い問題は提起されよう。しかし、先にも述べたとおり、ヴェーバーはここで、「二つの文書」資料から「フランクリンの宗教性」に迫る方向に「フランクリン研究」を企てているのではない。「資本主義の精神」の「暫定的例示」のために、その「認識手段」として、そのかぎりで最適と見た「フランクリン文書抜粋」を引用し、「職業的営利追求／貨幣増殖の自己目的化／倫理化」という「知るに値する」本質を取り出し、その歴史的「意味（因果）帰属」にそなえているのであり、当面それで十分である。したがって、ここで「フランクリン神観」問題にずれ込んで「道草を食う」、あるいは「倫理」論文全体の緊密な「構成を乱す」のは賢明ではない。キュルンベルガーが削除していた「神」表記をここで復元しなくて当然（方法上「整合的」「整合合理的」）なのである。

そこのところを、「同義反復」ないし「Petitio principii」となって「不都合」だから削除／隠蔽したのだろうと疑い、「神観」の異同も問わずに、短絡的にそう決め込んでしまう所作は、かえって「隙あらば『濡れ衣を着せよう』と虎視眈々」という（当人には制御不能な）断罪動機を浮き彫りにするばかりではない。「固有の意味におけるフランクリン研究」と「暫定的例示手段としての限定的フランクリン論及」との区別がつかない方法音痴と、ベンジャミン・フランクリンの「神」を「予定説の神」と取り違えて怪しまない、歴史的センスと文献読解力の欠落を、露呈しているのである。

第一二節　「直接的」という限定句の見落とし――文献学の基本訓練も欠落

さて、当の「引用時削除」が問題ではなく、そもそも隠蔽の必要がないのであるから、「改訂時加筆」によって「隠蔽の上塗りを施す」必要もない。当該第四段落の「二文書抜粋」そのものは、そのかぎりでなんど読んでも、確かに「宗教的なものへの直接的な関係を全く失って」いる。むしろ、この箇所を「隠蔽の上塗り」と解する向きは、「直接的な」という限定を読み落としているのではないか。この「内容要旨」のみか、羽入論文本文でも、「宗教的なもの」「宗教性」「宗教的基盤」といった抽象的規定が、具体的にはなにを意味するのか、という反問ぬきに、さながら「空念仏」「決まり文句」のように連呼されている。しかし、およそキリスト教文化圏の事象について「『宗教的なもの』との間接的な関係も全く失っている」と立証しなければ「同義反復」との非難を免れないとすると、文献学者には、およそ意味を問わない「語形合わせ」ないし「キーワード検索」以外には、仕事がなくなって困るのではないか。

この導入句で、ヴェーバーは、「暫定的例示」のために引用される「フランクリン文書抜粋」は、そのかぎりでは確かに「宗教的なものへの直接的な関係」は失っているが、じつは背後に、つまり間接的には「宗教的なものとの関係」「意味連関」を潜めており、まさにその「間接的関係」「意味連関」を具体的に「解明」する（じつは先人未踏の）企てこそ、この「暫定的例示」から出発する以下の「理解科学」的研究課題である、と予告しているのである。

そういうわけで、あればあるいは（引用時また改訂時に）隠蔽もされえよう「同義反復」「Petitio principii」が、そもそもなく、フランクリンの神と「予定説の神」との同一視という誤読のうえに立つ虚妄の産物である。それは、大塚と羽入以外にはだれひとり知るよしもなく、想像のしようもないのであるから、二重の隠蔽工作を施すもなにもあったものではない。ところが、この「結論」(.iv)項は、「結び」では、「故意を意味」するから「最も致命的」と特筆されている。また、この論難は、羽入書では（四章中の）一章に昇格され、最終章に配置される。羽入としてはその後、ヴェーバー断罪の決定打とも、大塚久雄を「金鉱発見の一歩手前」と位置づけて「金鉱第一発見者」本尊の「引き立て役」を振り当てる恰好の題材とも、見たのであろう。ところが、その論拠は、羽入論文にも顕示されている前記妄想の所産にすぎない。それはかえって、羽入が「倫理」論文のみか、フランクリン資料をも読解していなかった実情——文献学的基本訓練の欠落——を伝えるばかりである。

第一三節　ふたたび「フランクリン研究」と「『資本主義の精神』を例示するフランクリン論及」との混同

第（v）項の主張は、つぎのとおりである。ヴェーバーは、「フランクリン資料を『自伝』のレベルにまで広げる段階で否応なく現われてきてしまうフランクリンの『功利的傾向』を否定するために、……フランクリンは〝徳に『改信』した〟のであり、しかも〝彼は、自分の『改信』を神の啓示に帰しているのである〟と主張した」。しかし、「この『啓示』という言葉が、〝自分は一五歳になるかならぬかでもう神の啓示すらも疑うようになってしまっていた〟というフランクリン自身による僅か数頁前の記述を受けていることは、『自伝』を読めばすぐに判ることである」。したがって、ヴェーバーの「主張は『啓示』という言葉に関する『自伝』のコンテクストを読み誤った主張に過ぎぬ」という。この「結論」にいたる議論は、羽入書の第三章「フランクリンの『自伝』をめぐる資料操作――理念型への固執――」（第一〜三節）に対応している。

羽入は、「倫理」論文第一章第二節第七段落、しかも（原文一九〇頁中の）たった一頁、[27]それも数語に視野を狭め、フランクリン『自伝』の「原典」まで持ち出して、ヴェーバーの「資料操作」を問い質そうとはする。しかし、ここでも尋問がいかんせん対象に届かず、かえって羽入自身の、「倫理」論文のみかフランクリン『自伝』にかんする妄想への自縄自縛、文献読解力の欠落を、前項（iv）にひきつづいて披瀝している。

そもそも「フランクリン資料を『自伝』のレベルにまで広げる段階」という出だしの表記からして、首を傾げざるをえない。というのも、当該第七段落の位置価は、「フランクリン文書抜粋」による「資本主義の精神」の「暫定的例示」から、その「歴史的個性体」概念の第一要素(「最高善としての貨幣増殖」)を取り出したうえで、この第一要素の抽出(第一要素的理念型の構成)には抵抗する現実の「功利的傾向」を、さればこそ第二要素として掬い取り、「要素的理念型複合」としての「歴史的個性体」概念に組み入れる第二ステップに相当する。一個の「包括者」としてのフランクリンを研究対象に据え、「二文書抜粋」に依拠して「経済倫理」の一側面を抽出する第一「段階」から、資料を『自伝』のレベル[!?]にまで広げ」、他の諸側面にも光を当てて、(究極的には)「フランクリンの全体像」を構築しようとする「固有の意味におけるフランクリン研究」の第二「段階」ではない。思考のヴェクトルが逆である。羽入の表記では、スコラ的な記述歴史家の素朴な方法論が無頓着に前提とされ、絶対化されて、目的を異にする二類型の論及ないし研究が、区別されずに混同されている。羽入が「倫理」論文の方法上/方法論上の特性を認識していない証左である。

それはさておき、ヴェーバーは、「フランクリンの——正確には、フランクリンの「道徳的訓戒」に見られる——『功利的傾向』を否定」したりはしない。前記のとおり、「資本主義の精神」の第一要素「貨幣増殖の自己目的化/しかも義務化/倫理化」に孕まれながら、成長し「一人歩き」すると、「結果として貨幣増殖に連なるなら、徳目遵守も外見だけでよい」とする「偽善化」、キルケゴールのいう「結果/効果に気をとられた、非倫理への転移」をもたらす「鬼子」として、「功利的傾向」

を正当に注視し、第二要素として「要素的理念型複合」としての「歴史的個性体」概念に編入している。そのうえで、そうした「転移」を背後から阻止している「職業義務」という第三要素と、さらには当の「職業の義務化」そのものの宗教的背景を問い、（ルターはたんに経由して）ピューリタニズムの（「大衆宗教性」の）宗教倫理にまで索出の射程を広げていくのである。羽入は、「倫理的か、功利的か」の生硬な二者択一に囚われて、理念型思考のこうしたダイナミズムを捉えそこねているのではないか。

第一四節　「啓示」をめぐる迷走

さて、羽入によれば、ヴェーバーは、「フランクリンの『功利的傾向』を否定するために」、その証拠として「［フランクリンが］〝徳に『改信』した〟」物語を引き合いに出したという。なるほど、ヴェーバーは、「改信 Bekehrung」物語を引き合いに出してはいる。ところが、それはなんと「『功利的傾向』を否定するために」ではなく、逆に、ほかならぬ「功利的傾向」の証拠としてなのである。(28)

畳みかけて羽入は、ヴェーバーが〝彼［フランクリン］は自分の『改信』を神の啓示に帰している……〟と主張したという。この「主張」とは、ヴェーバーが少しあとのところで、「［フランクリンに］善徳が『有益』だと分かったのは神の啓示によるので、それによって神は自分［フランクリン］に善をなさしめようとしていると［フランクリンが］考えていることに照らしても、そこに示されているのがひたすらな自己中心的原理の粉飾などでないことは明らかである(29)」と述べているくだり、とくに「善徳が『有益』だと分かった」という箇所を指している。ところが、見られるとおり、ヴェーバーはここでは「改信 Bekehrung」という言葉さえ、使っていない。それに、このくだりは、「ひたすらな自己中心的原理の粉飾などでない」、「たんなる功利的傾向を越えるもの」を示すために、つまり「功利的傾向」の反対証拠として引き合いに出されている。ところが、羽入は、「改信」と「啓示」という語形の類似に引きずられて、証拠と反対証拠とを混同し、証拠としての「功利的道徳への『改信』」を、「改信」という語形のない反対証拠のなかにも読み込んでしまっている。

なるほど、ヴェーバーが「功利的傾向」の証拠として、当の「改信」物語を『自伝』の一節を引いて読者に紹介している注記のなかには、「啓示」という語形は見当たる。ただし、その一節で、フランクリンは、「人間関係における真実と正直と誠実が、人生の幸福のために非常に重要」というまさに（人生の幸福を規準とする）「功利主義」的確信に到達したと述べたうえに、その「功利主義」的性質を敷衍し、「啓示（啓示宗教）そのものは、わたしにとってなんの重要性ももたず、自分の考えでは、ある行為が悪であるのは、それが啓示によって命じられているからではなく、……それが（人間にとって）本来有害であるため……［云々］」と(30)、徳目評価規準が、啓示（天啓）ではなく、人間の利害得失に置かれている関係を説明し、宗教倫理から功利主義倫理への移行を表明している。だからこそ、ヴェーバーは、この一節を、フランクリンにおける「功利的傾向」の証拠として引用したのである。

では、ここで用いられている「啓示」とは、どういう意味か。それは、「天啓」「啓示宗教」あるいは「啓示宗教としてのキリスト教」「神意の啓示としての聖書」という一般的な意味であり、なにか「突如として聖霊に打たれ、一八〇度の回心を遂げる」といった「啓示体験」を指しているのではない。このことは、「啓示」の語義を（なにもフランクリン『自伝』の「原典」にまで当たらなくとも）普通の（普及版の）辞書で調べ、コンテクストのなかに置いてみれば、一目瞭然である。ところが、羽入は、語形「啓示」をことごとく語義「啓示体験」と短絡的に結合し、「あのフランクリンに、いつ、どこで『啓示』がくだったのか」[31]と「疑似問題」を立て、『自伝』中を捜し回る。『啓示』という言葉に関する『自伝』のコンテキストを読み誤った主張」とは、自省の弁ととれば「言いえて妙」である。

では、（「倫理」論文で少しあとに出てくる）反対証拠としての「神の啓示」——羽入によれば「改信」——についてはどうか。ここは、表記がやや抽象的ではあるが、フランクリンが後年、「一三徳の樹立」を志した局面における彼の所見を手短に要約したものと解釈できよう。すなわち、かれは、二五歳のころ、「節制／沈黙／規律／決断／節約／勤勉／誠実／正義……といった一三徳目」を、「習慣として［つまりエートスとして］身につけ」、「完徳の域に到達しよう」と、「自己審査手帳」をつくって「自己制御」の訓練を自分に課した。そうして初めて、「規範としての徳目と、実践としてのエートスとの乖離」というこの領域特有の困難——「徳が有益である」という「たんに理論的な確信」

では克服しえない困難――に直面して、功利主義の限界を悟り、「啓示宗教」の意味を再解釈する。「完徳の域に到達しよう」との決意を実践に移して初めて、徳目を「固有価値」としては遵守しきれない自分（また平均的人間）の倫理的弱さに直面し、自分の徳性の向上にたいする「神」――とはいえ、「予定説の神」ではなく、人間の善行を嘉納し、比例的に応答する「勧善懲悪神」「信賞必罰神」――の支援を祈念するのである。その「神」は、倫理的に弱い平均的人間にも、「利益という報酬を与えることで」善行へと動機づけ、人類全体の徳性をできるかぎり向上させようとする「慈悲の神」として捉え返される。この経緯を、ヴェーバーは、前記のようなレトリックを用いて集約し、「功利的傾向」を越える、「功利的傾向」への反対証拠として挙示したのであろう。そうした再解釈が、劇的な「啓示体験」「降霊／回心体験」を媒介として生起したかどうかは、問題ではない。そうしたことは、「フランクリン体験史研究」ではない「倫理」論文の主題から見て、枝葉末節に属し、とりたてて取り上げるには値しない。

第一五節　フランクリンにおける倫理思想形成の三段階を看過

また、フランクリンが『自伝』に「一五歳になるかならぬかでもう神の啓示すらも疑うようになってしまった」と記しているのは、確かにそのとおりであろう。ただ、羽入が語形消去法的に「啓示」を見つけたからといって、それが当面の問題に意味上重要というわけではない。フランクリンは、「啓示宗教性」への当初の懐疑／否認が、その影響を受けた仲間たちの間に、放縦その他、人間経験として好ましからざる、当人たちの幸福もそこねる状態をもたらした不都合にたいして、まずは「真実、正直、誠実という三徳の重要性」に、そのほうが人生の幸福にとって好ましいとの理由で、まさに功利主義的に「開眼」する。それが、ヴェーバーもいう「功利的道徳への『改信』である。それは、啓示宗教性への移行でも、啓示体験に媒介された結果でも、なんでもない。啓示宗教性を否定する功利主義的な確信は維持したまま、まさに功利主義なればこそ、幸福に有害というのでは困る、そうした不都合を克服するには徳が重要と、「真実と正直と誠実という三徳の重要性に功利主義的に『開眼』したにすぎない。

ところが、二五歳のころ、「完徳の域に到達しよう」と「一三徳の樹立」を志し、「自己審査手帳」への記帳を始めたことにともなう啓示宗教性の再評価は、功利主義そのものを廃棄はしないにせよ、その限界を悟り、その地平を越えるものへの希求をともなう点で、第一「開眼」とは範疇的に異なる実践的深化である。羽入は、「啓示」の語形に囚われて語義解釈を誤るばかりか、フランクリンの生活史／倫理思想形成史における「①「神の啓示」の否定／功利主義への移行、②功利主義の枠内における「三徳への開眼」、③たんなる功利主義（「目的合理性」）を越える実践倫理（「価値合理性」）への深化／それにともなう啓示宗教性の再評価」という三段階を、捉えそこねている。

そういうわけで、羽入は、「ヴェーバー藁人形」ばかりか、「フランクリン藁人形」も立ち上げてしまった。テクストを三読四読し、語の意味が分からなければ辞書を引き、前後を照合して「意味整合的」な理解／解釈に達するという文献読解の基本が、羽入博士には身についていなかった。「ヴェーバー藁人形」と「フランクリン藁人形」との間を、語義解釈も誤った語形「啓示」によってなんとかつなぎ合わせ、ヴェーバー断罪の証拠に仕立てようと、迷走また迷走、なんのことか分からない議論にのめり込んでいる。こんがらかった妄想の糸を解きほぐすのにも、骨が折れる。

とはいえ、つぎのことは明らかであろう。すなわち、「倫理」論文の本論にも入らない「問題提起」章「資本主義の精神」節の序の口「暫定的例示」のたった一～二頁、内容上もフランクリンに「啓示体験」があったかどうかという見当違いの些事／「疑似問題」に拘泥し、そこにかぎってヴェーバーの「資料操作」「誤読」を「論証」しようと奮闘しているけれども、いかんせん妄想は相手に届かず、「実証的な議論」に到達していない。むしろ、研究教育機関としての大学院で、一院生における文献読解力の欠如が、よくぞここまで放っておかれた、との驚きを禁じえない。

第一六節　恰好の標語も引用しないと「不作為の作為」「故意の詐術」

最後に、第(vi)項目では、これまた解きほぐすのにも骨の折れる議論がなされている。「ヴェーバーは、フランクリンにとっては貨幣の獲得は個人の幸福・利益といったものを一切超越した非合理的なものとして立ち現れている、と主張した」が、羽入によれば、この主張は、『自伝』においてフランクリンが『箴言』二二・二九を引用した直後の言葉を……故意に無視せぬ限り、……成り立たない」。ところが、「この言葉をヴェーバーは確実に読んでいた筈である」。したがって、かれは「この言葉を」「故意に無視」して、「成り立たない」主張が「成り立つ」ように見せかけ、理念型に固執した、というのである。羽入書では、第三章「フランクリンの『自伝』をめぐる資料操作――理念型への固執――」（第四、五節）の論点に当たる。

では、ヴェーバーが故意に無視したという「言葉」とはなにか。フランクリンは、『箴言』二二章二九節から「わざの巧みさ」句を引用したあとに、なんと書いていたのか。「わたしはその時分から、勤勉を富と名声を得る手段と考え、これに励まされていた(32)」と書いたのである。

さて、これがなぜ、「フランクリンにおいては、貨幣獲得が個人の幸福・利益に超越する非合理性を帯びている」という主張と矛盾するのであろうか。「名声 distinction」はひとまずおくとして(33)、「勤勉を、富を得る手段と考える」とは、「富」（このばあい貨幣増殖）を「目的」として「勤勉に」追求すること、すなわち、自分の行為を（当の行為自体は超越する）「目的」を達成する「手段」（「道具的 instrumental」行為）として、みずから制御し、その途上では、目的達成に役立たない「自己充足（目的）的 consummatory」享受としての「快楽」や「幸福」（たとえば「酒場通い」）を断念／排除することであろう。「禁断苦行 Kasteiung」ではなく、この意味の自己制御を「禁欲 Askese」と呼ぶとすれば、「勤勉を、富を得る手段と心得る」とは、まさにそうした「禁欲的富（営利）追求」

を意味し、これは、「自己充足的」な「快楽」「幸福」「利益」の観点からは「超越的」その意味で「非合理的」というほかはあるまい。とすれば、「勤勉を、富を得る手段と考える」とは、「正当な利潤を『職業 Beruf』として、組織的かつ合理的（禁欲的）に追求する志操」[34]としての「資本主義の精神」を表明する恰好の標語といえよう。

しかも、「勤勉を、富と名声を得る手段と考える」とは、「勤勉」という（本来は）「徳目」の遵守が、「信用」（大なる「信用」をともなう「名声」）を媒介として、「富」という「目的」（しかも「最高善」）の「手段」系列に編入されているという関係も、表明する。ところが、そういう「勤勉」は、当初「徳目」とはみなされても、十全な意味における「固有価値 Eigenwert」ではなく、あるいはそうであることを止め、「信用」取得にたいする「効果」に力点が移動して、ちょうどそれだけ、まさに「手段」として「勤勉の効用」が問われ、評価されることになろう。そうなると、「信用」（さらには「貨幣」取得）という「効果」「効用」さえひとしければ、「勤勉」という徳目遵守の外見でこと足りる、ということにもなり、「偽善」への傾きも帯びよう。ヴェーバーは、こうした事態を、フランクリンの経済倫理に孕まれている「功利的傾向」として、「資本主義の精神」概念の第二要素として的確に捉えていたが、『自伝』中の問題の文言は、そうした含意をも表明する恰好の標語をなしている。

そういうわけで、羽入が問題とするフランクリン『自伝』中の「言葉」とは、ヴェーバーにとって、なにか「故意に無視」しなければならないような、不都合な言表ではなく、かえって引用を逸したのが惜しまれるくらいである。羽入は、「不都合」なので「故意に無視した」、だから「不作為の作為」で「詐術」にひとしい、といいつのる。しかし、当の文言がなぜ「不都合」なのか、根拠の挙示がない。あたかも「自明の理」であるかのように主張し、ひたすら語勢を荒らげて力みかえるばかりである。おそらく「富と名声」即「個々人の幸福・利益」と素朴に決めてかかり、当の富自体、名声（卓越）自体が（個々人が「自己充足的」享楽を犠牲にして、ひたすら「禁欲」的に追求すべき）超越的／非合理的「目的」「自己目的」「最高善」として措定されている、という「資本主義の精神」の特性に、想到しないのであろう。テクストを読んではいても、意味は捉えられないのであろう。それでは、ヴェーバーのいう「資本主義の精神」とはなにかが分からないまま、当の「資本主義の精神」にかんする理念型構成に、ただ闇雲に挑みかかり、難癖をつけるだけに終わるほかはない。

　では、ヴェーバーはなぜ、「勤勉を、富と名声を得る手段と考えた」という恰好の標語を引用しなかったのか。その理由は、ヴェーバーが、当の文言を確かに読み、「資本主義の精神」（第一／二要素）には恰好の標語と知ったにせよ、「倫理」論文第一章第二節第七段落末尾の当面のコンテクストでは、営利追求が個々人の「幸福」や「利益」に対立／超絶する「非合理」性を帯びるということよりもむしろ、そうした営利追求の背後に「それが職業と目されるかぎりは」という独特の職業義務観が潜むことを、『箴言』句の引用によって突き止め、併せてその宗教的含意を予示しておくことこそ肝要なので、（叙述をひとつまえの論点に戻してしまう）冗漫な反復は避けたのであろう。さりとて、当の文言の意味が、故意に隠さなければならないほど不都合だった、というわけではない。それだけを取り出してみれば、「資本主義の精神」の理念型概念を集約する恰好の標語で、隠す必要などまったくなかった。ただ、ヴェーバーが、コンテクストを無視した冗漫な反復で紙幅を費やす論者ではなかった、というだけの話である。

第一七節　「結び」で特筆の（.iv）項が失当では、「ましてや他項においてをや」

さて、羽入は、つぎの「結び」で、「最も致命的なのは論点（.iv）であろう」という。なぜなら「それは過失ではなく、故意を意味している」から。つまり羽入は、例の「過失でなく故意に持ち込む」戦略を、ここにきて前面に押し出し、「最後の力を振り絞って」、ヴェーバーの知的誠実性になんとか「止めを刺そう」とする。他の諸項目でも、同じく「故意に持ち込む」戦略はとったものの、確証を摑めず、明記しきれなかった――少なくとも、審査委員にも認められる文言で「結論」項目に顕示できなかった――ので、「土俵際でもうひと踏ん張り」といきたいところであろう。

とすると、この「結び」は、羽入の関心と問題設定が、I「倫理」論文研究にはなく、IIヴェーバーの知的誠実性を否認する「ためにする」例証論議にあった事実を、おそらくは審査委員の難色に逆らって、鮮明に打ち出していることになろう。しかし、同時に、その問題設定に答える「結論」が失当で、当の「結論」にいたる羽入論文が失敗作である事実を、同じく鮮明に、しかも総括的に実証している。そこで羽入は、「過失でなく故意に持ち込む」戦略にしたがい、まず、ベンジャミン・フランクリンの神を「予定説の神」に仕立てる牽強付会によって「同義反復」「Petitio principii」を捏造し、そのうえに、「暫定的例示」における「トポス」の「価値関係的」選択を「詐術」と見誤る方法無理解と、「直接的」という限定句さえ読み落とす読解力不足とによって、「同義反復を二重に隠蔽する詐術」まで捏造していた。つまり、羽入がおそらくはもっとも自信をもって「結び」で唯一特筆したこの（iv）項が、かえって羽入の牽強付会／方法音痴／および文献読解力不足を、もっとも鮮やかに証示している。とすれば、「ましてや、さほど自信もなさそうで、特筆されてもいない、他項目の断罪においてをや！」

しかし、本稿では、当の他項目についても、ひとつひとつ取り上げて、羽入の主張に内在し、それぞれがどこで、どう破綻しているのかを、逐一解き明かしてきた。

羽入が、ヴェーバーの知的誠実性を問うて「不誠実」との「結論」に達するには、「倫理」論文一篇にかぎるとしても、まずはその全「論証構成」に内在し、対象に即して論旨の展開を追い、その叙述が知的誠実性の観点から見てどこで、どう「破綻」しているのか、逐一具体的に論証しなければならない。ところが、羽入は、そうした内在への努力を怠り、行き当たりばったりの枝葉末節に「虎の子」を見つけては、羽入のほうから、その箇所を全「論証構成」にとって「重要」と決めてかかる（恣意的な「パースペクティーフの転倒」）。そうしておいて、極端に視野を狭め（「井の中の蛙」視座）、当該箇所における「ヴェーバーの立論」を「原典」に照らして「検証」しようとはする。しかし、打倒すべき「ヴェーバーの立論」そのものが、読解力不足から的確には捉えられないので、見当違いの恣意的解釈／妄想を、彼我混濁癖から闇雲にヴェーバーに押しかぶせ、「ヴェーバーの立論」と言い張るほかはない。

対象と羽入との懸隔／乗り越えがたい落差から、そこにはどうしても羽入の水準で「疑似問題」が創成されてしまう。ところが、彼我混濁の羽入の脳裏には、そういう「疑似問題」が、ヴェーバーも抱え込んだ「アポリア」と映る。そこで、当の「疑似問題」をめぐって、羽入が主観的にはヴェーバーを撃とうと「原典」調査を企てても、客観的には「疑似問題」をめぐる架空の議論に迷い込み、宙に舞い、虚空を彷徨い、おおかた「原資料」の解釈も誤って、徒労に帰するか、ヴェーバーの論証を補完するか、どちらかに終わる。すべては、羽入の「ひとり相撲」、自分が立ち上げた「ヴェーバー藁人形」への斬りつけであり、いつまでたっても相手には届かない「ひとり芝居」の独演である。「木（「倫理」論文）を見て森（ヴェーバーの全著作）を見ない」ばかりか、その木にも、「四枚ないし六枚の葉に手を伸ばすだけ」で、届いていない。

というわけで、羽入論文は、たんなる部分的瑕疵ではなく、根本的な欠陥をそなえた、端的な失敗作である。こういう論文に、「六項目のうち、ひとつくらいは」と「助け船を出そう」としても、どうにもならない。

それでは、そういう羽入論文を、審査委員はどう評価し、どう対応したのか。そこで、審査報告書中の「審査要旨」を取り上げ、これまで明らかにしてきた論文内容と比較対照しながら、立ち入って検討するとしよう。

第三章　審査報告書「審査要旨」の検討

第一節　誤字・脱字・悪文——「投げやりな」審査要旨

「審査要旨」は、三段落約七〇〇字にまとめられている。

まず、第一段落は、羽入論文の形式的構成を、審査委員側で要約／摘記した四行約二〇〇字からなる。本来なら引用する必要もないが、日本語文として読解不能ないし不正確な表記が目につくので、全文引用して確認しておきたい。

「論文：Quellenbehandlung Max Webers in der “Protestantischen Ethik”（『倫理』論文におけるヴェーバーの資料の取り扱い方について）は『プロテスタンティズムの倫理と資本主義の精神』でヴェーバーが用いた原資料を照合し[sic]、彼の立論が妥当でないことを実証しようとするものである。全体は（1）calling 概念に関する検討、（2）ルターの Beruf 概念に関する検討、そして（3）「資本主義の精神」の理念[sic]構成をめぐる考察という三つの部分から成り、それに結びの考察が付せられている。」

「原資料を照合し」という表記は、「ヴェーバーの立論を、かれが用いた原資料と照合し」という意味であろうが、なにをなにと照合するのか、明確でない。「理念構成」とは「理念型構成」の誤記であろう。

こういう瑕疵が短い一段落中にふたつもあることは、「意味が分かればよかろう」といってすませられる問題ではない。通例の文書であれば、こういう単純な誤記に「目くじらを立てる」のは、かえって些事拘泥と受け取られかねないので、賢明ではない。しかし、この文書は、いやしくも「文学博士」を認定する審査の報告書である。しかも、以下、内容にかかわる段落にも、同じように不注意な誤記や、日本語文として不適当な表記が見いだされる。審査委員が個人名で公刊している著書には、こういう誤記の類例は見当たらない。したがって、ここには、学位認定に臨む審査委員会や研究科会議の「投げやりな」スタンスが露呈されている、と推認せざるをえない。些事と承知で特記する。

（1）、（2）、（3）の要約も、問題なしとしない。こういう「抽象の極み」ともいうべき要約命題は、無内容なだけ無難なので、具体的な対決を避けようとするときによく使われる。この種の要約で紙幅を塞ぐくらいなら、論文目次をコピーして添付しておけばよい。審査委員は、研究者としての「評価」内容を具体的かつ正確に提示することに全力を傾注すべきである。この「審査要旨」では、そうした課題が最終段落に当てがわれているが、追って検討するとおり、その最終段落が「審査要旨」全三段落のうち最短（三行約一四〇字）で、これまた「抽象的で無難の極み」ともいうべき代物である。

第二節　杜撰な審査委員が、審査報告書で「文学博士」量産か

第二段落は、審査委員が、第三段落における評価のまえに、評価対象としての羽入論文の内容を、極力評価を交えずに要約しようとしたものであろう。つぎの二文からなっている。

「従来、フランクリンの『時は金なり』の道徳訓に典型的に示されている『資本主義の精神』がカンルヴァン［sic］派の救霊予定説に基づく世俗内的禁欲としての職業労働の『プロテスタンティズムの倫理』か生まれ出［sic］、そのつなぎにルターのBeruf概念による職業召命観が位置付けられるというヴェーバーのテーゼの妥当性については、様々に論争されてきたが、筆者は特にヴェーバーのフランクリンからの引用の恣意性とか、ルターのBeruf概念の形成をめぐるヴェーバーの資料の扱い方の意図的な操作、またcalling概念への影響関係をめぐる推論の不備といった諸点をヴェーバーがあたったと思われる様々な原資料を広範に渉猟［sic］検討することを通して実証しようと試みている。そしてそのことを通してヴェーバーの呪縛からの解放を説く。」

ここで、「カンルヴァン派」とは「カルヴァン派」、「か生まれ出」は「から生まれ出」の誤記であろう。「広範に渉猟」とは、同義反復の嫌いなしとしない。段落全体の大半を占めるのは、「ヴェー

バーのテーゼ」と羽入の論難につき、一文でなにもかも言い尽くそうとした悪文である。

この「審査要旨」の執筆者は、自分の「下書き」を公表するまえに、いちど見なおして正確を期そうとしなかったのか。この文書が、教授会ないし研究科会議で資料として配布されたとき、見咎めて問題にする教員は、ひとりもいなかったのか。[1] いつも、こうした杜撰な資料にもとづいて審査をおこない、「文学博士」を「量産」しているのか。そういう日常事務処理に馴染んで、こうした文書も平然と公開していられるのではないか。

第三節　審査委員の「倫理」論文理解は「トポス」論議水準

もとより重要なのは、内容上の問題である。この第二段落には、「ヴェーバーのテーゼ」にかんする（羽入でなく）審査委員の理解が、集約されていると見られる。そこで、その内容を検討しよう。まず、

（1）「倫理」論文における被説明項としての「資本主義の精神」は、『時は金なり』の道徳訓」のみで「典型的に示され」るであろうか。いな。それだけでは、フランクリンとヤーコプ・フッガー（確かに生涯を貨幣増殖に捧げ、「時は金なり」を地で行った十六世紀の「前期的」商人）との区別もつけにくい。「資本主義の精神」を「暫定的に例示」している「フランクリン二文書抜粋」にも、「時

は金なり」とともに、「信用は金なり」という標語が明記されている。つまり、「個人としての生活時間を貨幣増殖に捧げよ」という要請に、「他者との関係も、商品の売り上げを伸ばし、遊休金を借りて運用し、貨幣増殖に活かせるように、『信用』本位に制御せよ、『信用』を利殖に活かせ」という要請が加わって初めて、倫理的行為規範／準則ないしエートスとしての「資本主義の精神」（第一要素）が成立するし、キルケゴールのいう「非倫理に転移する傾向」（第二要素）も孕まれる。現に、ヴェーバーが「フランクリンの二文書抜粋」をキュルンベルガー著から孫引きするさい、ゲシュペルト（邦訳では傍点）を施して強調しているのは、この側面である。この側面こそ、「『人‐間』学」としての倫理学の関心を引くはずではないのか。つぎに、

（2）当の「資本主義の精神」の因果的説明を、「カルヴァン派の救霊予定説に基づく世俗内的禁欲としての職業労働の『プロテスタンティズムの倫理』から生まれ出」ると要約しているくだりも（「の」が三つ重なる日本語表記は問わないとしても）、最小限「プロテスタンティズムの倫理」を「禁欲的プロテスタンティズムの倫理」に限定しなければ、「ヴェーバーのテーゼ」とはいえない。

ヴェーバーは、「倫理」論文の第一章第一節「宗派と社会層」を結ぶにあたって、「われわれは、いままでのような〔カトリックとプロテスタントといった〕漠然とした一般的表象の範囲で議論することは止めて、歴史上キリスト教的宗教の種々異なった分肢としてわれわれに与えられている、一連の大規模な宗教的思想世界〔複数〕それぞれに固有の特徴とそれら相互間の差異という問題の究明に、あえて立ち入ってみなければならない[2]」と断っている。そのうえで、第二節以下の考察に入り、職業観に

ついても宗派別の差異を鋭く定式化している。ところが、審査委員の要約は、そうした専門的議論から、「トポス」論議の「漠然とした一般的表象の範囲」に戻ってしまっている。羽入は、「カトリックかプロテスタントか」といった「漠然とした一般的表象の範囲」からも滑り落ちて、「宗教性」「宗教的根基」「宗教性の残滓」といった「空念仏」を連呼しているが、審査委員も、「トポス」論議の水準に戻って、ことをすませようとしたのではないか。それどころか、

（3）そのすぐあとでは、「資本主義の精神」が「救霊予定説に基づく世俗内的禁欲から生まれ出る」さいの、「そのつなぎにルターの Beruf 概念による職業召命観が位置づけられる」と記し、これをもって「ヴェーバーのテーゼ」を要約したつもりでいる。なるほど、「ヴェーバーのテーゼについては、様々に論争されて」はきたが、「カルヴィニズムの世俗内的禁欲」と「資本主義の精神」との「つなぎにルターの職業召命観が」入るという説を、筆者は寡聞にして知らない。

「つなぎ」「位置づけ」について理屈の捏ねようはあろう。しかし、ルターは、同じ「世俗内救済追求」は説いても、カルヴィニズムの「禁欲」は神信頼の秘かな欠落から「人為」に頼る「わざ誇り」として忌避した。そのルターの「職業召命観」にしても、現世の伝統的秩序を「神の摂理」として受け入れ、そのなかで各人が編入される「職業」を「召命」とは見たけれども、ちょうどそれだけ「いったん編入された職業に固くとどまり、堅忍せよ」と説き、伝統的秩序の枠を越えてはならないと戒めた。それにたいして、カルヴィニズムは、平信徒が、神の予定によって——したがって、現世の伝統的秩序を媒介とはせずに——「神の道具」として「選ばれている」こと／「召命されてい

る」ことを、現世にあっても「確信」し、この「確信」を「来世における『永遠の生命』の、現世における『予兆』」として――その意味の「救済財」として――生涯維持するために、「選ばれた神の道具」に相応しいキリスト者の「自己制御」＝「禁欲」を要請し、この「禁欲」を実践する場――したがって、よりよく「禁欲」を実践できるのであれば伝統に逆らう変更も可能な拠点――として、「職業」を捉えた。

そのように、一口に「職業召命観」といっても、カルヴィニズムとルター／ルター派とでは、その「(主観的に思われた)意味」と歴史的な帰結における「相互間の差異」は大きい。ヴェーバーは、先に引用した断り書きのあとでは、宗派ごとの差異に無頓着に「プロテスタンティズムの倫理」を論ずるのではなく、少なくとも(叙述の大別順で)ルター派、カルヴァン派、敬虔派、メソディスト派、洗礼派系ゼクテに分け(3)、それぞれに「固有の特徴と相互間の差異」を鋭く取り出して定式化している。それにたいして、審査委員の要約は、ふたたびそれ以前の「トポス」論議の水準に舞い戻り、ふたつの「職業召命観」の「主観的意味」における差異を無視してしまっている。これでは、差異を鈍麻させ、区別すべきものを混同する羽入論文に、鋭くは対決できまい。

しかも、歴史的に見ると、ルターが先行して、「命令」と「福音的勧告」との区別にもとづく中世カトリック的「世俗外救済追求」の軌道を、当の区別の廃棄によって「世俗内救済追求」の軌道に転轍した。これを歴史的与件として、その軌道のうえで、ルター／ルター派の「伝統主義」的救済追求を「禁欲」的なそれへと「再転轍」するのが、カルヴィニズム他の「禁欲的プロテスタンティズム」である。そして、「資本主義の精神」が「生まれ出」るのは、「世俗内救済追求」一般からではなく、この「禁欲」からである。すなわち、「禁欲」が当初には「意図せざる随伴結果」として「富」を生み、この「富」の「世俗化作用」によって「宗教的根基」が枯れ、「資本主義の精神」に転成をとげる。少なくとも、ここで問題とされている「ヴェーバーのテーゼ」では、「資本主義の精神」「カルヴィニズムの世俗内的禁欲」「ルターの職業召命観」という三者の関係は、そのように把握されている。

「カルヴィニズムの世俗内的禁欲」から「資本主義の精神」が「生まれ出」るさいに、「ルターの職業召命観」が「つなぎ」に入るという把握は、聞いた験しのない「新説」である。それも、前記のようなヴェーバーの把握に異議を唱え、「新説」として提示し、歴史的妥当性を争おうというのであれば、面白い。しかし、それには、論文として発表するなり、学問上相応の手続きが必要であろう。むしろ、審査委員には、「新説」提起の準備と覚悟はなく、ただ「ヴェーバーのテーゼ」を取り違えているだけではないのか。「ヴェーバーのテーゼ」がなんであるかを的確に定式化せずに、その「妥当性について」論ずることができるのか。

羽入は、フランクリンをルターに（いうなれば「商標 Beruf の瞬間接着剤」で「いっきょに」）貼りつけようとし、カルヴィニズム他の「禁欲的プロテスタンティズム」には目もくれなかった。その羽入と同じく文献観念論的に、叙述の順序をそのまま――方法上の位置づけを意に介さず――歴史的生起に押しおよぼして重ねると、どうなるか。「倫理」論文の叙述における「フランクリン―ルターーカルヴィニズム」という——じつは「意味（因果）帰属」をめざす方法的遡行の、、、——順序がひっくり返されて、「カルヴィニズム—ルター—フランクリン」という「系列」がえられる。これであればなるほど、「カルヴァン派の救霊予定説に基づく世俗内的禁欲」と「資本主義の精神」（「フランクリン」）との間に、「つなぎ」として「ルターの Beruf 概念」が入る。もしかすると、審査委員の「新説」は、じつは羽入の文献観念論に引きずられて、その地平を共有してしまい、ただ『倫理』論文を取り上げるからには『カルヴィニズムの世俗内的禁欲』を欠かすわけにはいかない」という常識は思い出し、それだけは補って「頭」にとりつけただけかもしれない。そのように「浮足立って」、文献観念論の地平を共有してしまったとなると、羽入の幻想を幻想として暴露し、「倫理」論文の的確な理解を促して、歴史の現実に立ち帰らせることは難しかろう。

第四節　「無難な逃げ」の抽象的要約

審査委員は、「ヴェーバーのテーゼ」をめぐる「様々」な「論争」のなかに羽入論文を位置づけようとし、羽入が、（1）「ヴェーバーのフランクリンからの引用の恣意性」、（2）「ルターの Beruf 概念の形成をめぐる」「資料の扱い方の意図的な操作」、（3）「calling 概念への影響関係をめぐる推論の不備」という三点を、「原資料を広範に渉猟検討することを通して実証しようと試み」、そうする

「ことを通してヴェーバーの呪縛からの解放を説」いた、という。

その「試み」がはたして、またどの程度、学問上成功しているのか、という審査委員の評価は、つぎの最終段落に「先送り」されてもよい。しかし、その最終評価が的確になされるには、「様々な論争」の中身、(1)〜(3)の内容が、それぞれ具体的に把握されていなければならない。そして、そうした具体的把握がなされていれば、その内容が、この第二段落にも的確に要約され、定式化されるはずである。ところが、審査委員の要約は、ここでも「抽象的で無難の極み」をなし、内容としてなにを考えているのか、まったく分からない。

「ヴェーバーのテーゼ」をめぐる「様々な論争」とは、いかなるものか。それぞれどういう内容の主張が、いかに対立し、論争関係にあったのか。「内容はともかく、様々な論争があった」というだけでは、なにもいわないにひとしい。確かに、「様々な論争」を網羅的に挙示する必要はない。しかし、少なくとも主要な説、とくに羽入の主張が内属して位置づけられるべき類型については、最小限の内容的指示がなければなるまい。

ところで、羽入論文の評価にあたって、そうした論争史/系譜学以上に重要なのは、もとより(1)〜(3)に集約されている論点である。したがって、それらにかんする羽入の主張内容とその根拠を、まえもって的確に押さえておくことが肝要である。論者羽入自身が、「倫理」論文のいかなる箇所を、いかに解釈し、どのような「原資料」をどのように「渉猟」し、どんな根拠によって、ヴェーバーに(1)「引用の恣意性」、(2)「意図的な操作」、(3)「推論の不備」ありと認定しているのか。それらの認定がはたして「実証」されているのか。これらの諸点が、具体的に確認されていなければならない。少なくとも、それぞれの認定の根拠だけは、評価に先立って、あらかじめ要約／摘記されていなければならない。そのうえで、つぎの最終段落では、それぞれにたいする、こんどは審査委員の所見が対置され、羽入による認定が承認されるのか、否認されるのか、明らかにすべきである。そうして初めて、論文審査にも貫徹された第一類型の「積極的正面対決」として、責任ある審査報告となる。そうでなければ、羽入論文にたいする最終評価をくだそうにも、根拠のある評価は原則上不可能であろう。学問上厳正な対応を学位認定に貫徹することができず、「（理非曲直ではなく、恣意／専横と温情がないまぜの）権威によってことを決する」第三類型の妥協に堕するほかないのではないか。

第五節　羽入論文——研究指導欠落の対象化形態

さて、筆者は、本稿前（第二）章で、（羽入が執筆して論文に添付し、審査委員も承認して審査報告書に収録したはずの）「内容要旨」を取り上げ、（1）に相当する（iv）（v）（vi）項、（2）に相当する（ii）項、および（3）に相当する（i）（iii）項のそれぞれに、逐一反批判を加えた。これら六項目のうち、どのひとつをとっても、羽入の主張は成り立たない、という事実関係を、逐一具体的な論拠を添えて実証した。

論者羽入は、「倫理」論文の全「論証構成」はもとより、（1）〜（3）に関連する「幾つかの箇所」の論旨すら捉えず、「疑似問題」を持ち込み、「ヴェーバー藁人形」を立ち上げていた。「疑似問題」をめぐる架空の議論では、「ヴェーバーのテーゼ」にかかわる「様々な論争」の一翼を担い、学問的論争に寄与することはできない。「疑似問題」の論点につき、どんなに「原資料」を「渉猟」しても、対象ヴェーバーの論点には届かず、「照合」のしようもない。しかも、羽入流の「渉猟」とは、これまた字句にこだわる「没意味文献学」的些事詮索にすぎなかった。ルターについても、かれに「固有の特徴」をなす宗教性と「禁欲的プロテスタンティズム」との「差異」も顧みず、「Beruf 玉」が遠くの『ベン・シラの知恵』一〇章二〇節、二一節玉には当たったのに、どうして近くの『箴言』二二章二九節玉にはあたらないのか、と「撞球手ルターの藁人形」をしつらえるばかりであった。フランクリンについても同様で、「予定説の神」を信じていたとか、「啓示がくだったのくだらないの」と、やはり「疑似問題」に好都合な「フランクリン藁人形」を仕立てては、「ヴェーバー藁人形」に差し向けただけであった。羽入は、ヴェーバー、ルター、フランクリンのいずれについても、なにごとも実証してはいないし、「疑似問題」を持ち込んでの虚妄の「疑似論議」では、なにごとも実証できるわけがない。ただ、身をもって「ここに『没意味文献学』と『パリサイ的原典主義』の陥穽あり」と警告を発し、はからずも「粒々辛苦の地道な文献読解に沈潜すべし」との教訓を示す反面教材とはなった。そう解する以外、評価のしようがない。

審査委員は、羽入が「ヴェーバーの呪縛からの解放を説」いたという。しかし、「内容要旨」の（i）項に即して、本稿第二章第五節で見たとおり、じつは羽入自身が「唯『ベン・シラの知恵』回路説」ないし「『ベン・シラの知恵』発『言霊』伝播説」に呪縛されており、そのために、旧約外典の評価におけるキリスト教諸宗派「相互間の差異」も看過されていた。羽入は、ルターの『ベン・シラの知恵』句改訳に発する「言霊」が、宗派「相互間の差異」にも歴史的・社会的諸条件の「差異」にもかかわりなく、「判で押したかのように」一律に伝播し、しかも行く先々でかならず「言語創造的意義」を発揮する、という非現実的・非歴史的想定を持ち込んで前提とし、そのうえに乗って闇雲にヴェーバーを撃とうとした。自分自身がそうした「魔術」的カテゴリーに囚われ、しかもそれに無自覚でいるため、怖めず臆せず、ヴェーバーの歴史・社会科学――Beruf相当語の普及についても、普及先「言語ゲマインシャフト」の歴史的・社会的諸条件（の差異）と宗教改革者・聖書翻訳家の主体性（の差異）とを正当に考慮しながら、「意味（因果）帰属」を達成しようとする、ほかならぬヴェーバーの歴史・社会科学――を「魔術」と決めつけ、「ヴェーバーの呪縛からの解放を説」き、「子どもの火遊びは火傷の元」を地で行くありさまであった。研究指導員／論文審査員としては、当該箇所におけるヴェーバーの論旨とその方法上の含意を羽入に説いて、かれをそうした「思い込みの悲喜劇」から解放すべきであったろう。

以上、いずれの項目をとってみても、大学院における研究指導の不備が羽入論文（と後には羽入書）に鮮明に対象化され、指導員に突きつけられている、というほかはない。審査委員も、研究指導員として、この事態を「知的に誠実に」直視し、改めて責任を感じ、原則的には「構想を改めての出なおし」「抜本的な書きなおし」を指示すべきであった。

ところが、審査委員は、そうした学問的「正面対決」の原則的対応をとらず、第三類型の妥協に逃れ、「学問上認めてはならない学位を、理屈ぬきに認める」学位認定権／職権の濫用に走ってしまったのではないか。この点を、つぎの第三段落における最終評価について検討しよう。

第六節　無内容のまま「結論」に短絡——責任ある評価主体の不在

審査委員の最終評価は、たった三行で、つぎのとおりに記されている。

「資料操作の解釈については別様の解釈の余地があり、また三つのテーマのヴェーバー論文全体の文脈の中での位置づけについても再考せねばならないが、呪縛からの解放を逆手にとってヴェーバー自身の呪縛からの解放を徹底的に実証的に論じた点は、博士（文学）論文としての評価に値すると思われる」と。

前段までの形式上／内容上の「まとめ」では、評価はすべて「先送り」され、この最終／第三段落に送り込まれてきていた。その「結論」がこれである。ここでも、「三つのテーマのヴェーバー論文全体の文脈の中での位置づけ」という表記には目をつぶろう。

まず、「資料操作の解釈については別様の解釈の余地があ」るというが、では「どう別様」に解釈する余地があるのか。自分たちはどう考えるのか。「三つのテーマ……の位置づけについても再考せねばならない」というが、ではどう再考できるのか、すべきなのか。自分たちはどうなのか。

ここでもやはり、こうした「無難な抽象の極み」ともいうべき言い回しで、自分たちの所見を内容的／具体的に表明することは避けながら、それでも「羽入の主張を無条件に受け入れるわけではない」と、いちおう留保のポーズは表明している。こういう論法は、この種の文書には好んで用いられ、しばしばお目にかかる。①自分の所見を内容的／具体的に提示して異論／反論にきっかけを与える（「尻尾を摑まれる」）ことを、用心深く（「小心翼々」）避けながら、それでいて②「相手の言い分を無条件に認めるわけではない」と、なにか「高みに立ち」「面子は保とう」とするかのようであり、「権威に安住する小心者」の風貌躍如といったところである。しかし、そうしながらも、③羽入の主張を（じつは、前記のとおり、学問的論証の体をなさず、「論争関係をなすもろもろの説のひとつ」となりえていないのであるが）、内容上の判断ぬきに、「ともかくも、さまざまな解釈のうちのひとつではある」と認めて、救い出し、昇格させ、評価対象の範疇に繰り入れてはいる。

そのうえで、審査委員は、羽入が「呪縛からの解放を逆手にとってヴェーバー自身の呪縛からの解放を徹底的に実証的に論じた」と称し、「徹底的に実証的に論じた」という文言で抽象的になんとなくプラスの評価を仄めかすや、すかさず「博士（文学）論文としての評価に値する」との最終判断に移っている。しかし、かりにある論者が、なにごとかを「徹底的に実証的に論じた」としても、その「論」は内容として「間違っている」か「浅薄すぎる」かもしれず、ただ「徹底的に実証的に論じた」からといって、ただちに「評価に値する」、しかも「博士論文としての評価に値する」という結論を引き出せるわけがない。「論」と「評価」との間には、当の「論」を「かくかくしかじかの」観点から「かくかくしかじかに」評価すると具体的かつ説得的にいいきる責任ある主体が、介在していなければならない。そうした主体による観点の提示も、その観点からする評価内容の開陳もないのでは、短絡というほかはない。これでは、そういう短絡を犯す審査委員は、「理非曲直を明かさず、恣意／専横と温情をないまぜにした権威でものごとを決め」、学問の原則に照らして「整合非合理的」な、第三類型の対応に陥ったのではないか、と疑わざるをえないし、疑われてもいたしかたあるまい。

第七節　「集団的意思決定にともなう制約」問題

もっとも、審査委員会による評価内容の表明が、前記のとおり抽象と短絡によって回避されているとしても、「それは、集団的な意思決定には避けられない制約と、審査委員各人の『学問の自由』とをなんとか両立させようとした結果であって、止むをえない」との釈明がなされるかもしれない。すなわち、「五人の委員は、評価内容について具体的に大いに論じ合ったけれども、どうしても一致にはいたらなかったので、各人の見解を尊重し、内容的に無理に集約しようとはせず、抽象度を上げて、『いろいろな内容の留保はあっても、最終的に「学位に値する」との結論では一致した』とまとめる以外にはなかった」というわけである。

なるほど、この釈明も、抽象的には一見もっともである。しかしまず、そうであれば、抽象的集約ではなく、複数の内容的所見を具体的なまま併記することもできたはずである。そうすれば、当該論文は、なんらかの学問的根拠があって専門委員の内容的評価も分けるほどの出来ばえであったと、かえって説得的に示すことになり、審査報告書の読者を内容的に裨益するばかりか、当該論文にたいする総合評価をそれだけ高めることにもなりえたであろう。この「複数所見併記案」は、今後、学位認定権の濫用を避け、公正を期するために、「評価規準」とともに「審査報告書執筆要領」を制定する、という方向で改善をはかろうとするさいには、検討事項のひとつとされてよいであろう。

しかし、羽入論文にかぎれば、そういう釈明が必要とされるほどの事例ではなかった。かりに羽入の主張が、評価に値する内容をなにほどかは含み、論争史において評価の対象となりうる「一説」をなしていたとすれば、審査委員会で各委員の評価が分かれ、抽象的にしか集約できない、ということもありえたろう。そうであれば、「解釈」「再考」および最終評価の三項目について、複数の所見を併記することもできたろう。ところが、羽入の主張は、学問的評価の対象となりうる「一説」の体をなしてはいない。しかもそれは、論文を一読すればすぐに分かることである。

審査委員会は、抽象度を高めても、「呪縛からの解放を逆手にとってヴェーバー自身の呪縛からの解放を徹底的に実証的に論じた」とは一致して認め、抽象的ながら、なにかプラスに評価でき、じっさいにもそう評価したかのように書いている。しかし、事実はけっしてそうではない。本稿第二章で詳述したとおり、羽入は、「逆手にと」ろうと「手を伸ばして」はいるが、その手は、ヴェーバー「倫理」論文の「幾つかの箇所」にすら、届いていない。羽入は、羽入自身の水準で「疑似問題」の土俵をしつらえ、「ひとり相撲」をとり、「ヴェーバー藁人形」をひっくり返して見せたにすぎない。この点は、ヴェーバー研究の専門家が羽入論文を一読すれば即座に分かる。即座には分からなくとも、「倫理」論文と照合しさえすれば、ただちに分かる。分からなければ、専門家ではない。

羽入は、未熟な学生であり、これからたとえばヴェーバーの歴史・社会科学を地道に学ぶことをとおして、「魔術」的カテゴリーの呪縛や彼我混濁癖から一歩一歩解放されていかなければならない身である。そういう羽入を諭し、たしなめるべき教員が、そうはせずに、「徹底的に実証的に論じた」と称して持ち上げるとは、なんたることか。ところが、「審査要旨」の文面では、そういう不可解なことが事実なされ、未熟な学生に博士の学位が認定されているのである。

とすれば、その事実はなにを意味するのか。審査委員自身も、「魔術」的カテゴリーの虜になっている——少なくとも、羽入の『ベン・シラの知恵』発『言霊』伝播説」の「魔術」的思考性を見抜けないほど、歴史・社会科学の思考訓練が足りていない——のか（力量不足）、それとも「分かっていながらおだて上げて」「無難に厄介払い」しようとしたのか（無責任）。あるいは、そうした両極の中間で、責任ある研究指導を貫徹するだけの力量ないし余力はなく、正面対決に自信がもてないので、うやむやのまま無責任な妥協に傾き、審査報告を「抽象と短絡」で取り繕ったのか。

このうち第一の——審査委員が研究指導者として「羽入の呪縛を解く」のではなく、逆に「羽入の呪縛に囚われ」てしまったという——仮説は、そのままでは維持されがたい。専門外の素人集団ならともかく、れっきとしたヴェーバー研究者に宗教学者とルター研究家も加えた（傍目からはこのうえない）専門審査委員会の実態が、そうしたものだったとは、にわかには信じがたい。では、いったいなにが起きたのか。

第八節　第一類型対応から第三類型対応への越境

思うに、審査委員とくにヴェーバー研究者の「主査」は、当初には第一類型の「積極的正面対決」によって第II問題設定（「知的誠実性」否認の「ためにする」例証論議）から第I問題設定（「倫理」論文研究）への「焦点移動」を促し、繰り返し「考えなおし」「書きなおし」を指示し、異例に長期間、学問的良心にもとづく緊張を持続したにちがいない。その点には、疑いないし、筆者も疑わない。しかし、かれは、ある時点で、緊張を放棄し、第三類型の妥協に転じてしまったのではないか。「学位に値しない論文に『目をつぶって』学位を認定する」職権濫用に走り、そのためには、教授会ないし研究科会議で疑義が出ないように、見咎められやすい語句は削除して『体裁』はととのえ、審査報告書も抽象的表記と結論への短絡で「全会一致」に仕立てたのではないか。しかも、いったん妥協に転ずると、その時点までの緊張が大きかっただけに、かえってその反動で、「もうどうでもよい」と「投げやり」になり、審査報告書の日本語文に気を遣う余力さえ失ってしまったのではないか。

　こういう「窮境」は、大衆化大学院において研究指導と学位認定に携わるだれもが、いつ追い込まれても不思議はない状況である。「ひとごと」ではない。「主査」ひとりを非難して済むことではないし、筆者ももとより、そうするつもりはない。

　しかし他方、この第三類型の対応は、そういう状況論にかまけて不問に付され、「水に流される」には、ことがらとしてあまりにも重大である。それだけをとってみれば、研究者としては、みずから「学問的良心を放棄」し、「アカデミズムの伝統」を傷つけるにひとしい。教員としては、「学生／院生の信頼」ばかりか「学位への社会的信頼」もそこねる職権濫用というほかはない。こういうことが不問に付され、気づかれぬうちに積み重ねられていけば、それだけ学問的評価規準したがって学問総体の「下降平準化」を免れないであろう。ところが、この羽入事例にかんするかぎり、結果としてそういう事態に立ちいたっていることはいなめない。

　では、どうしてそんなことになったのか。審査委員とくに「主査」は、どうすればよかったのか。もう一歩踏み込んで考えてみたい。

問題は、第一類型の対応から第三類型の対応に転じた時点にあると思われる。審査委員会は、その時点で、第二類型対応の「消極的正面対決」に踏みとどまり、学問的原則を堅持して学位認定を見送ることは、できなかったのか。できなかったとすれば、それはなぜか。

第九節　第三類型対応への越境を規定した（一般的、個別的）諸要因

この問題をめぐっては、本稿第一章第一〇節で、第二類型の対応を左右する一般的条件にかぎっては、仮説的に論及した。すなわち、当事者が、①学問上の理非曲直を明らかにし、論文の難点／欠陥を明快に言表／定式化して、ありうべき（内外からの）異議申し立てに対抗する学問的力量をそなえているかどうか、②学位認定を見送ったばあいに請求者（と周囲）はどう反応するか、学問上の理非曲直を優先させて非認定を受け入れるか、それとも「非情な」仕打ちと受け取って逆恨みするか、この「受け入れ」と「逆恨み」とを分ける文化要因として、「アカデミズムの伝統」がどの程度、社会とくに大学に根を下ろしているか、という二（群の諸）条件である。

では、この羽入事件という特例についてみると、二条件はどうだったろうか。まず、②日本の大学に生じた事例であるところから、「アカデミズムの伝統」の根が浅く、それだけ第二類型対応への抵抗／抵抗感が強かったろうと考えられる。「アカデミズムの伝統」が「根を下ろして」いれば、そ

れは、こうした「クリティカルな局面」でこそ、（「大学ゲゼルシャフト」にも浸透し、編入／再編成されて「諒解ゲマインシャフト」を形成している）全社会的な「温情‐権威主義」に逆らっても、学問上の理非曲直を優先させ、「非情」を支持する、というふうに顕在化して「ものをいう」であろう。しかし、この日本社会とくに大学には、「アカデミズムの伝統」が「根を下ろし」、定着してはいない。一見そうでないと思われても、それは、大学が平常は「日常的慣例／慣行の伝統主義」と「恣意／専横と温情ないまぜの権威主義」によって運営され、そうした表層／皮相に覆われていて、「権威主義」が「アカデミズムの伝統」と混同されるために、真の「アカデミズムの伝統」は欠けている実情が、目立たず、気づかれないだけであろう。[4]

そのうえ、③この「権威主義」は、東大院倫理学専攻のばあい、日本全国の大学（倫理学関係の講座ほか）に人材を供給する（やや語弊はあるが、分かりやすくいって「手配師」的な）機能と、これにつきまとう「個別主義的particularistic」な利害関心によって長らく支えられてきた。この利害関心からすると、大学院入試に合格させ、責任をもって受け入れた一院生に、学位を与えられず、第二類型対応の「突き返し」に終わることは、なにか「手配師」機能に生じた「綻び」を象徴し、その意味で極力避けたい事態と感得されるであろう。

また、④日本倫理学会には、羽入論文に学会賞「和辻賞」を授与するような勢力も存在している。この事情も、無視されてはなるまい。日本倫理学会は、（大まかには）東洋倫理学系と西洋倫理学系との勢力対立を抱えており、それぞれの利害関係者は、最大の「手配師」講座における人事／人事関係に無関心ではいなかったろう。そういう状況では、双方が、（西洋倫理学系の思想的／理論的支柱のひとつをなす）マックス・ヴェーバーを、ほかならぬ知的誠実性という倫理的価値の観点から問題にしようとする「野心作」の帰趨に、なみなみならぬ関心を寄せ（そこまでは大いに結構であるが）、この関心から審査委員会の内外に陰陽の「圧力」が形成され、作用する、ということも、ありえたのではないか。

さらに、⑤学位請求者が、「志を新たにして大学に再入学した年嵩の妻子持ち」という事情も、[5]「手配師」講座の温情には、なにほどか「ものをいった」かもしれない。

以上は、第一類型対応から（第二類型対応に踏みとどまれずに）第三類型対応に越境するさい、「主査」ほか審査委員の意思決定に関与する「客観的可能性」が大きかったと「明証的」に推認される諸要因である。これらの諸契機が、いかなる布置連関をなして、それぞれどの程度作用したのか。この問題は、各審査当事者とくに「主査」の自発的所見表明を待って、慎重に解明されるべきであろう。

小括

一　研究科のホームページに公開討論コーナーの開設を要請

筆者としては、羽入論文への学位認定というこの一特例を、「大衆化大学院における研究指導と学位認定」という困難な課題にふりかかった「現場のクリティカルな問題」のひとつとして、当該倫理学専攻を初めとする東大院人文社会系研究科に向けて提起し、当事者／関係者とともに検討し、ともに事実関係を確定し、そのうえで改善策の構想を練りたい。そのために、研究科のインターネット・ホームページに、公開討論のコーナーを開設していただきたい。そこに、当事者の所見表明から始めて、逐次、関係者の意見が掲載され、討論が進められることが望ましい。

本稿も、そうしたコーナーの開設を想定のうえ、問題提起者の趣旨説明として起稿したが、「妥当」な事実認定と「明証的」な推論／推認に慎重を期するあまり、長大な文書となってしまった。一書として公刊し、問題そのものに広く一般の関心を喚起したい、とも考えている。幸いコーナーが開設されたら、本稿の続篇は、そちらと筆者のホームページ（http://www.geocities.jp/hirorihara）に同時に掲載していく予定である。

二　審査委員に所見表明を要請

ここで念のため、五名の審査委員とくに「主査」に、自発的所見表明を重ねて要請する。「一事不再理」というような法律論を楯に、学問上の内容的応答を回避することなく、研究者／教員として率直に見解を表明し、当事者として事実経過を明らかにしてほしい。

審査委員とくに「主査」が、複雑で厄介な状況に置かれ、苦渋の選択を迫られたであろうこと、同じ窮境に追い込まれたら、だれしも第三類型の妥協に傾きかねないことは、前述したとおりである。この羽入事例は、偶然の変則的逸脱形態ではない。大学院の「大衆化」と研究指導上／学位認定上の困難という類型的問題が、いちはやく鮮明な形態をとって顕れた象徴的個別事例、ともいえようか。そしてわれわれは、この問題を、現在から未来にかけて、なんとしても解決していかなければならない。とすれば、この個別事例は、われわれの対応いかんによっては、未来に向けて問題の解決案／改善策を構想していくさいに、その事実確定から貴重な指針や教訓を引き出せる起点とも礎石ともなりえよう。

筆者がこの事例に取り組んだのも、なにか羽入個人ないし審査委員個人への反感に駆られたからではなく、この個別事例に、大衆化大学院の困難を象徴する類型的「文化意義」を認めたからである。そうであれば、その題材とされたヴェーバーの「人と学問」に多少とも通じた専門家のひとりとして、その意義をこそ解明し、問題の解決に活かす責任を負わなければならないと思い立った。そこから筆者は、可能なかぎり当事者の立場に身を置き、ここまでは羽入書／羽入論文／審査報告書をデータに、「妥当」な事実認定と「明証的」な推論／推認を試みてきた。しかし、当事者がもろに受けたであろう苦渋は共有していない。そのために、なにか無理な推論が紛れ込んでいるかもしれない。多々あろうそうした問題点については、今後、当事者との討論／論争のなかで受け止め、筆者に非があれば自己批判し、積極的に応答していきたい。当事者もどうか、「過去の一瑣末事にたいするあらずもがなの横槍を排除する」といったスタンスはとらず、当事者としての事実経過確定に知的誠実性を発揮し、かえって知的誠実性の堅持ないし復権を証しし、未来の問題解決へ向けて積極的に第一段の礎石を据えるという位置づけと決意で、筆者との討論／公開論争に入っていただきたい。筆者としては、事実確定にもとづく問題解決案／改善策の構想という方向に、もっと積極的／建設的に議論を進めていきたいのであるが、他方、事実確定に不可欠な当事者の所見表明を置き去りにし、当事者の主体性を無視する拙速は、やはり避けたい。

一九六〇年代以降、自然科学畑では、公害／医療過誤／交通事故などを契機に、それらの諸問題にかかわる専門家の応答責任が問われるようになった。製造業において、製品の品質管理に不備があり、欠陥商品を販売すれば、企業イメージがそこなわれ、売れ行き不振に陥って倒産に追い込まれるまえに、管理責任者と経営陣が、責任を問われ、責任をとる。行政官も、政治家でさえも、職権濫用が明るみに出れば、責任を問われずにはすまない。大学とくに人文社会系の教員だけが、「職権濫用によって欠陥博士を世に送った」との疑いが濃厚になり、論証されても、責任を問われず、「黙っていれば、なんとかなる」でよいのであろうか。むしろ、そういう精神風土そのものが、職権濫用の文化的背景として、いままさに問われるべきではないか。

むすび――広範な討論への呼びかけ

一　倫理学専攻者は「母屋の火事」にどう対応するか

筆者は、当事者以外にも、倫理学専攻者／ヴェーバー研究者／人文社会系の他分野の研究者など、広く研究者／院生／学生／読者に、この問題への関心を喚起し、公開論争に注目／参入されるように、呼びかけたい。

これまでになんども述べてきたとおり、筆者は、羽入書そのものの中身よりも、これほど中身のない書物が、厳密な文献読解と意味／思想解釈の訓練にかけては定評のあった倫理学専攻から、正規の研究指導と学位認定をへて「言論の公共空間」に登場してきた事実に驚き、この問題を放ってはおけなくなった。そこからおのずと膨らんできた疑問は、当の倫理学専攻で、いかなる研究指導がなされていたのか、とくに学位認定に当たっていかなる論文審査がなされたのか、との一点に集約されるほかはなかった。

なるほど、耳目聳動を狙う虚仮威しの作品に、一方ではいい加減な学者／評論家／編集者／読者が飛びついて、無責任に絶賛し、賞を授け、歓呼賛同し、……、他方では、ある種の半学者・半評論家／「ヴェーバー読みのヴェーバー知らず」が「首をすくめて嵐が過ぎるのを待つ」という、この間われわれの眼前に繰り広げられた光景は、「前近代」と「超近代」とが癒着した、現代日本大衆／大衆人社会の「ポピュリズム」の風潮が「学界／ジャーナリズム複合体制」にも浸潤している常態の象徴として、腹立たしくはあるが、驚くにはあたらない。ところが、この情景を織りなす無責任群像のうち、みずから作品を評価する力量に乏しい（類の）編集者や評論家も、かりに羽入が、定評ある研究室で厳格な研究指導を受け、適正な学位認定をへているにちがいない、との信頼がなければ、それでも出版に踏み切ったり、賞授与を決めたりはしなかったろう。かれらも、当該部局による学位認定を、秘かに拠り所としていたにちがいないのである。

　とすれば、かりに当の論文審査が、「いい加減か、さもなければ節穴か」（『学問の未来』、一四一頁）という「山本七平賞」選考委員（加藤寛、竹内靖雄、中西輝政、養老孟司、山折哲雄ら）と同等の水準／同じ流儀に堕していたとすれば、ことはそれだけ重大である。現代大衆／大衆人社会における学問的評価規準の「下降平準化」に歯止めをかけ、その波浪に抗して全社会的な学問水準と専門職のモラル／モラールの維持／向上に責任／社会的責任を負う「最重要と目され信頼されていた拠点のひとつ」が、つとに崩壊、あるいは空洞化していた実態の露顕と見なされざるをえないからである。それどころか、当の「拠点」が、羽入と羽入書の虚像が雪だるま式に膨れ上がる起点を据え、付和雷同の相乗効果を誘発／発進させ、「自分の虚像を追いかけて生きる不幸」を生み出していたことになろう。現代大衆／大衆人社会における学問エートスの減衰、専門職における倫理水準の低下を、ほかならぬ倫理学の「最重要と目され信頼されていた拠点のひとつ」が、集約的／象徴的に体現していたことになろう。

そういうわけで、羽入論文審査の直接当事者ばかりでなく、倫理学専攻の出身者／関係者も、この問題をいうなれば「母屋の火事」と受け止め、公開文書の審査報告を閲覧のうえ、各々の所見を自発的に（総論は総論として、各論も）発表し、公開論争に参入してほしい。学問とその未来に責任／社会的責任を負う当事者として、ここまであらわとなった深刻な事態を、知的誠実性をもって直視し、事実経過を究明して、ともに「出なおし」、「立てなおし」をはかろうではないか。

二　ヴェーバー学、広く歴史・社会科学に、ザッハリヒな批判と論争にもとづく「連続的発展の軌道」を敷設しよう

また（last, but not least）、ヴェーバー研究者／院生／学生／読者、とりわけ同じ大学院研究科に所属するヴェーバー研究の関係者も、この事態を歴史・社会科学総体の「危機」と受け止めていただきたい。そのうえで、建てなおしと堅実な発展に向け、各々の責任／社会的責任を銘記し、たとえば羽入書と拙著との狭間に身を置き、レフェリー的な立場からでも、発言を試みてほしい。

筆者は、長年マックス・ヴェーバーの「人と学問」に親しんできたひとりとして、この間、「かり

にヴェーバー自身が現代日本のこの状況に生きていて、羽入書のような攻撃を受けたとしたら、どう振る舞うか」と考えないわけにはいかなかった。というよりも、筆者自身、「かれならこうする」と思うところにしたがって、考え、発言し、「禍を転じて福となそう」とした。

ところが、そのようにヴェーバーに準拠して羽入書を「逆手にとった」筆者の発言と行動、そのなかから紡ぎ出された拙著三部作は、ヴェーバーの所説をテクスト内在的に解き明かすだけでなく、外在考察/現状分析にも、ヴェーバーの「理解科学」的歴史・社会科学の「理念型」的方法を適用しているのであるが、おおかたのヴェーバー研究者には、歓迎されず、批評に値しないと受け取られたようである。『学問の未来』の公刊後、橋本努による緇書呼びかけ以外、(雀部幸隆を除く)主要なヴェーバー研究者筋からの反響はない。

とすると、筆者のヴェーバー理解は間違っているのか。それとも、筆者のスタンスが、批判的/論争的にすぎて、温厚なヴェーバー研究者諸氏からは忌避されるのか。ところが、筆者はむしろ、「アカデミズムの伝統」を培うには、ザッハリヒな批判的対決と論争から始めるよりほかはない、ただ大切なのはフェアプレー、と心得ている。かえって常日頃、日本人研究者は、批判的対決と論争を避け、「権威と温情の『ぬるま湯』ないし無風状態」に安住しすぎる、と感得している。

たとえば、こういうことがある。羽入が「ヴェーバー藁人形を立ち上げる」にあたっては、大塚久雄の(ヴェーバー研究者のかぎりにおける特定の)過誤や不備[1]がきっかけを与えていることはいなめない。『学問の未来』『ヴェーバー学の未来』の随所で具体的に指摘したとおりである。ところが、「大塚門下」は、大塚の生前、たとえば大塚の誤訳や不適訳を指摘して是正を求める（いうなればば「師匠を超えようとする真正な弟子」としての）批判的対決を怠っていたばかりか、(2)（そのためもあって残されたにちがいない）大塚の特定の過誤や不備を、このたび羽入が戯画的に誇張していても、「そんなことはどこ吹く風」「別世界の出来事」といわんばかりである。大塚‐羽入の否定的な関係を、当事者として、自分にも責任の一端がある問題として受け止めようとしないのだ。おおかたは天真爛漫に、さもなければ小賢しく、沈黙を決め込んでいる。そういう対応を潔しとせず、ただひとり羽入書を正面から取り上げた(3)（そのかぎり確かに騎士的な）梅津順一も、羽入書の内在批判にかけて不徹底を免れないばかりか、翻って（羽入書に歴然と示された）大塚‐羽入の否定的関係（たとえば「フランクリンの神＝予定説の神」という過誤）を批判的に剔出し、みずからの当事者責任を問い返そうとはしない。むしろ、いまもって大塚を権威として持ち上げ、「自分は大塚の指導よろしきをえて、羽入のようには『ヴェーバー病』に罹らずにすんだ、あるいはいちはやく『卒業』できた」と安堵しているかのようである。

こういうことでは、日本の学問、少なくともヴェーバー研究／歴史・社会科学は、（ザッハリヒな批判と論争にもとづいて過誤が是正され、あるいは部分的真理がいっそう包括的な体系に「止揚」される、アルフレート・ヴェーバーやカール・マンハイムのいう）「文明過程 Zivilisations-prozess」としての連続的発展の軌道に、いつまでたっても乗れないではないか。欧米の最先端を輸入／敷衍する「出店」群の栄枯盛衰のかたわらで、「カリスマ師匠」（小天皇）を崇拝する「文化運動 Kulturbewegungen」の散発と先細りを繰り返す以外にないではないか。

というわけで、筆者は、機会あるごとに、あえて「ザッハリヒな批判と論争のスタンス」をとって対峙する。「そうすることがヴェーバー的」と思いなして懲りない。

（二〇〇五年十二月十五日起稿、二〇〇六年一月二八日脱稿、二〇〇六年四月十五日改稿、二〇〇六年七月五日再改稿）

註

はじめに

（1）そのうち、橋本努ホームページに寄稿された諸氏（森川剛光、山之内靖、横田理博、牧野雅彦、宇都宮京子）の論考に、筆者が一当事者として応答した分は、それぞれ寄稿と応答とを対比して読まれるべきであろうから、双方が収録される予定の橋本編論争記録に留保してある。それ以外の、筆者独自の寄稿分は、橋本の了承をえ、改訂／増補して拙著『学問の未来』『ヴェーバー学の未来』に収録した。

第一章

（1）ちなみに、このこと自体は、確かになにがしかのメリットではある。とはいえ、もとより、内容上の欠陥を補塡しはしない。審査報告書の「内容要旨」欄に特記されている、ヨーロッパの学術誌に受理され、掲載された、という事実も、まったく同様である。

（2）羽入書をミネルヴァ書房に取り次いだという越智武臣（歴史家、京都大学名誉教授）にたいしては、「序文における『マックス・ヴェーバーの魔術』という表現は、越智武臣氏の論文（一九七二：五）より借用させていただいたものである。断りもせずに勝手に借用させて頂いたことをこの場をお借りしてお詫びしたい」（一五頁）と、殊勝な心情が吐露されている。

（3）カール・マンハイムの研究指針を引くまでもなく、「なにが言表されていないか」は、「なにが言表されているか」に優るとも劣らず、知識社会学的考察にとって重要である。

（4）ここでも、ヴェーバーの「理念型」的方法を「現場のクリティカルな問題」に応用し、「実存的に社会学すること existentielles Soziologieren」に活かそうと思う。

(5) それどころか、「大学院もない大学では……」という受験生とその父母の思惑を顧慮して、「学部への人寄せアクセサリー」として大学院新増設を企てる、というばあいもある。

(6) この点にかんする数量的データは、『学問の未来』、六七頁に引用してある。

(7)「ゲゼルシャフト関係 Vergesellschaftung」とは、(合理的なばあいには明文をもって規定される) フォーマルな「制定秩序 gesatzte Ordnung」(行為「準則 Maxime」のシステム) が存立していて、これに準拠して関与者の「行為 Handeln」がなされるため、他者の行動にたいする関与者の期待が、平均的には裏切られず、予測と計算が可能な形で充足される――その意味で「合理的な」――「ゲマインシャフト関係 Vergemeinschaftung」「社会関係 soziale Beziehung」の謂いである。

(8)「諒解ゲマインシャフト Einverständnisgemeinschaft」とは、フォーマルな「制定秩序」は存立していないのに、「社会関係」にある者同士が、他者の期待を「妥当 gültig」と見なして、平均的には裏切らずに呼応するため、「ゲマインシャフト行為」=「社会的行為」があたかも「制定秩序」があるかのように経過する「社会関係」の謂いである。

ちなみに、ヴェーバーがかれの「社会学」を初めて体系的に展開するのは、「一九一〇～一四年草稿」(既編纂『経済と社会』「旧稿」) においてであるが、その基礎概念を提示した「理解社会学のカテゴリー」(一九一三) では、A「まだ『意味関係』が発生しない前ゲマインシャフト行為(複数ないし大量の同種行為)」―B「無秩序なゲマインシャフト行為」―C「非制定秩序に準拠するゲマインシャフト行為(=諒解行為)」―D「制定秩序に準拠するゲマインシャフト行為(=ゲゼルシャフト行為)」という基本四項目構成の「行為ないし秩序の(社会的)『合理化』尺度」が設定される。「一九一〇～一四年草稿」では、この尺度上に、家/近隣/氏族/経営/オイコス、種族/宗教教団/市場/政治団体、階級/身分/党派など、普遍的な諸「ゲマインシャフト」の類概念と(「価値関係」性をそなえた)「類的理念型」群が、ついでそれらの「発展形態」として、政治的ないし教権制的、正当的ないし非正当的な「支配形象」の類概念と「類的理念型」群が、それぞれ構成され、決疑論的/体系的に編成される。

(9)『学問の未来』、第三章、注九、四一六頁、参照。

(10)『学問の未来』、第三章、注一〇、四一六頁、参照。

(11)もとより、年齢相応に精神的に成熟した年嵩院生は、そうした邪道には陥らないであろうから、年嵩院生のすべてが問題というのではない。「対等な議論仲間関係」が健在で、そこに社会的経験も豊富な年嵩の院生が加われば、それだけ活力も増すと期待されよう。

(12)この「整合型」は、「理念型」の一種で、これを真っ先に構成しておけば、つぎには現実の事態につき、「整合型」どおりに経過するのを妨げている「整合非合理的」要因を索出していくことができる。

(13)『ヴェーバー学のすすめ』、四八―五一頁、『学問の未来』、五七―五八頁、参照。

(14)いっそう正確には、「ヨーロッパおよび(その新興一分肢ではあるが、「過補償動機」も交えてヨーロッパの水準に達したかぎりにおける)アメリカの」というべきであろう。

(15)ともに学問上成り立つ評価観点の違いに由来する「突き返し」のばあいには、対抗措置としてこの「機関変更」が有効であろう。羽入論文は、およそ学問として成り立たないから、いかに審査機関/審査員を替えても、学問上「整合合理的」にはパスするはずがない。

(16)ただし、この「諒解ゲマインシャフト」は、同じく当のゲゼルシャフトから派生する前記「対等な議論仲間関係」とは、類型的に別種である。

(17)ヴェーバー理解社会学のこの視点については、松井克浩「ゲマインシャフトの重層性と『諒解』」(『社会学評論』、第五五巻第二号、二〇〇四、一一五―一二八頁)を参照。

(18)別のばあいとして、ヴェーバー自身は、「決闘」を禁ずる「制定律」と、それを義務づける「慣習律」との二重規範状態と、現実の経験的行為における後者の優越、という典型的事例を挙示していた。

(19)あるいは、「専門職能組合 craftunion の伝統」というふうに、ある程度一般化して考えることもできよう。

(20)とはいえ、筆者は、「民主主義」そのものを否定しようとする者ではない。ただ、政治における意思決定手続きとしての「民主主義」は、文化の諸領域における個々人の「精神貴族主義」と緊張関係に置かれなければならず、この緊張を失うと「大衆民主主義」の「ポピュリズム」に「足をすくわれ」、形骸化する、と考える。

(21)『ヴェーバー学の未来』、終章、参照。

(22) したがって、「ヴェーバーは『近代批判者』かいなか」ではなく、「いかなる近代批判者か」が問題である。「(近代批判者としての)ニーチェとヴェーバー」問題も、スコラ的な思想パズルや系譜学の問題ではない。ニーチェやキルケゴールといかに批判的に対決すべきかを、類例ないし対照項としてのヴェーバー的対決を参照しながら、みずからたえず問題とし、そうすることをとおして批判的に摂取しえた実存思想を、当事者として「同時代の状況への実存的／責任倫理的投企」「現場の問題について実存的に社会学すること」にいかに活かすか、が肝要であろう。

(23)『学問の未来』、第五章「『末人の跳梁』状況」、参照。

(24)『学問の未来』、第二章「虚説捏造と検証回避は考古学界だけか——『藤村事件』と『羽入事件』にかんする知識社会学的な一問題提起」、参照。

第二章

(1) 姓と名の間に「・」を入れる。

(2)「ヴェーバーは詐欺師、犯罪者である」と断ずる羽入書の主張に比して、この「結論」は「腰砕け」との印象をいなめない。羽入論文とは、「知的誠実性」の観点から「倫理」論文と「職業としての学問」との相対的な度合いを問う比較研究のようである。それでも、なぜ「倫理」論文なのか、それ以外の数多の諸著作についてはどうか、との反問は避けられない。

(3) この事実も、確かにひとつのメリットにはちがいない。しかし、内容上の欠陥を補塡するものではない。日本の「学界／ジャーナリズム複合体制」には、ある論文が「レフェリー付きの欧米学術誌に受理／掲載された」となると、内容上の検討ぬきにも評価したがる向きがある。二誌による羽入論文の受理／掲載は、そういう「権威主義」の弱点を衝いたといえよう。しかし、だからといって論文そのものが内容上評価できる、とは速断できない。むしろ、欠陥論文を受理／掲載した紙誌の編集能力が問われよう。この問題については、本稿第一章第一節注一のほか、『学問の未来』、四七—八頁、参照。

（4）この仮定を、羽入は「成り立つ」と主張し、審査委員は（後述のとおり）判定をくださない。しかし筆者は、はっきり成り立たないと（以下、本稿でも）論定する。したがって、羽入がかりに「幾つかの箇所」の位置価は論証できたとしても、そこに瑕疵はないのであるから、「知的不誠実」は実証されない。羽入論文はどのみち、ヴェーバーについてはなにごとも実証せず、自分の思い込みをヴェーバーに被せて貶めようとする論者の企図と人格だけを実証している。

（5）筆者は、この「なぜか」に、ここでは仮説として、つぎのように答えておく。審査委員は、羽入論文が、穏当な学術論文の体裁はととのえても、論述の根幹にある欠陥は致命的で、糊塗しようもない、とは認識しなかったのではあるまいか。すなわち、羽入が好都合な「幾つかの箇所」に「発見」したと称する「瑕疵」さえも、じつは羽入が自分から持ち込んだ「疑似問題」によって捏造した「瑕疵」つまり「瑕疵妄想」にすぎない——要するに、羽入論文は、対象ヴェーバーには届かない「ひとり相撲の独演」で、対象に向けられた批判論文としては無にひとしい——という（以下、本稿でも論証する）実態を、見抜けなかったのではないか。その点が曖昧では、拒否の姿勢を貫けるわけがない。

（6）Cf. Gesammelte Aufsätze zur Religionssoziologie, Bd. I, 1920, ^{9}1988, Tübingen: J. C. B. Mohr（以下、RSI と略記）, S. 68-9, 大塚久雄訳『プロテスタンティズムの倫理と資本主義の精神』、一九八九、岩波書店（文庫版）、一〇八頁、梶山力訳／安藤英治編『プロテスタンティズムの倫理と資本主義の《精神》』、第二刷、一九九八、未來社、一四五頁。

（7）そこに見られる「ヴェーバー批判」にたいする筆者の反批判は、『学問の未来』第二章第五節、および第四章、に収録されている。以下、本稿では、「内容要旨」の「結論」項目に合わせて、筆者の反批判を要約していくが、典拠の所在などの細部については、とくに必要なばあいを除いて、いちいち注記はせず、『学問の未来』に譲る。他の項目にかんする反批判のばあいも、同様とする。

（8）大塚久雄はここを「“calling”を“trade”の意味に用いるピュウリタン的な用語法の起源」（大塚訳、一〇八頁）

と訳出している。考え抜かれた、ザッハリヒな適訳と思う。

(9) RSI: 68, 大塚訳、一〇七―八、梶山訳／安藤編、一四四―五。

(10) 主題／副題／章題／節題／段落題／「トポス」／補注事項など、題材群の遠近法的配置。

(11) 羽入書では、この主張にもとづき、ヴェーバーを「広辞苑の用例だけに依拠してある語とある語との影響関係を論じ、それを論文にまで仰々しく書く国語学者」(四四頁)にたとえている。拙著『学問の未来』、とくに第四章で論証したとおり、「実存的な歴史・社会科学」というヴェーバー著作の根本性格を捉えそこねた、見当違いの比喩というほかはない。

(12) その通暁は、ヴェーバー自身が当時にわかに手を染めてもおよばないほどだったろう。

(13) 羽入が掲げている写真(三九頁)でも、「タイトル頁」に「ジュネーヴ聖書」というタイトルは見られず、ただ発行地として"AT GENEVA"と記されているだけである。

(14) RSI: 67, 大塚訳、一〇四―五、梶山訳／安藤編、一四一―三。

(15) RSI: 67, 大塚訳、一〇四、梶山訳／安藤編、一四一。［　］内は羽入の付加。

(16) 『ヴェーバー学のすすめ』、第一章、参照。

(17) だから、その箇所をBerufの第三種用法には数えなかったのであろう。

(18) RSI: 65, 大塚訳、九五、梶山訳／安藤訳、一三四。

(19) RSI: 31-2, 大塚訳、四〇―三、梶山訳／安藤編、八九―九一。

(20) 「原典主義者」が、この「情けない孫引き」を問題としなかったのはなぜか。ヴェーバー論難に「好都合」な神表記に気をとられて、原則を忘れてしまったのか。それとも、キュルンベルガー著は「自分で手にとって」調べなかったのか。

(21) ここで、かりに「予定説の神」であったとしたら、そのばあいはどうか、どうすべきか、という方法論上興味深い問題が提起されるが、ここでは立ち入らない。

(22) 『大塚久雄著作集』第八巻、一九六九、岩波書店、四〇、六一二頁。

(23) 大塚の誤訳を是正して学問を一歩前進させるのではなく、そこから「ヴェーバー＝同義反復を二重に隠蔽する詐欺師」像に突き進んで「金鉱発見者」と自称する羽入の網膜には、誤訳止まりの大塚が、「金鉱発見の寸前まで迫りながら、羽入のように『詐術』を暴いて『世紀の大発見』にはいたれなかった『悲劇的先行者』」と映る。
(24) Cf. The Writings of Benjamin Franklin, vol. 2, 1907, New York : Macmillan : 372.
(25) Cf. Op. cit., vol. 1 : 324-5, 松本慎一／西川正身訳『フランクリン自伝』、一九五二、岩波書店、一三一―二。
(26) Cf. Op. cit., vol. 2 : 92-4.
(27) RSI : 34-5, 大塚訳、四七―八、梶山訳／安藤編、九四―五。
(28) RSI : 34, 大塚訳、四七、梶山訳／安藤編、九四。
(29) RSI : 35, 大塚訳、四七、梶山訳／安藤編、九四。
(30) RSI : 34 Anm. 2, 大塚訳、四九、梶山訳／安藤編、九五―六。
(31) そういう羽入が、同一論文で、「フランクリンは『予定説の神』を信じていた」と主張するのであるから、不思議である。
(32) The Writings of Benjamin Franklin, vol. 1 : 323, 松本／西川訳、一三〇。
(33)『学問の未来』、三一二―二〇頁、参照。
(34) RSI : 49, 大塚訳、七二、梶山訳／安藤編、一一四。

第三章

(1) 筆者は一九九六〜九九年の三年間、名古屋大学文学部・文学研究科に在籍したが、これほど杜撰な審査報告書は見た験しがない。稀に誤記があると、国語学の教員がかならず見咎めて叱正した。
(2) RSI : 30, 大塚訳、三七、梶山訳／安藤編、八七。
(3) イングランド「国教会」派は、折に触れ傍証として引き合いに出される。
(4) 筆者はこれまで、一九六八―六九年「第一次東大闘争」と一九七七年の「文学部火災事件」という二度の「危機」状況で、東京大学文学部・人文科学（現人文社会系）研究科の不可解な措置（片や事実誤認にもとづく処分、片や火災原因の特定なき学生処分画策）に図らずも直面し、そのつど露呈された理不尽な権威主義を、実証的に究明し、批判せざるをえなかった。『東京大学——近代知性の病像』（一九七三、三一書房刊）、第六章「文学部処分とその背景」（八二—一〇四ページ）、『ヴェーバーとともに四〇年——社会科学の古典を学ぶ』、第二章「相互理解不能状況——価値自由な真理探究とその意義」（七五—一〇九ページ）、および『学園闘争以後十余年』（一九八二、三一書房刊）、第三部「学内状況への発言I——文学部火災事件をめぐって」（九一—一五二ページ）、参照。

（5）この事情は、学問上の規準からも「他の諸条件がひとしければ」一顧に値しよう。「権威主義的温情主義」から、原則上の限界を越えて斟酌されるとき、そのかぎりで問題となる。

むすび

（1）『学問の未来』、二三八、三六六—六八、三八四—八五、『ヴェーバー学の未来』、一五、一三二、二二二、二二四、参照。

（2）『学問の未来』、三四八—五一、参照。

（3）「羽入辰郎教授のマックス・ヴェーバー告発について——『マックス・ヴェーバーの犯罪』を読む」『聖学院大学論叢』一七（二）、二〇〇四年。橋本努ホームページにリンクあり。

あとがき

去る（二〇〇六年）一月三〇日、本書の第一次稿（一月二八日脱稿）に書状を添え、東大院人文社会系研究科長宛てに郵送し、同科のインターネット・ホームページに、羽入論文審査をめぐる公開討論コーナーの開設を要請した。その書状は、この間の経緯と本書の趣旨の簡潔な要約ともなっているので、ここに全文収録する。

拝啓

時下ますますご清祥のことと拝察いたします。

学期末／年度末でご多忙のところを、突然お便り差し上げます失礼、なにとぞお許しください。少々お時間を拝借し、あるお願いをしたいと存じます。

私、折原浩と申しまして、一九五八年文学部卒、一九六四年文学部助手を経て、一九六五年〜一九九六年教養学部に勤務いたしました。社会学史／社会学理論、主としてマックス・ヴェーバーの

「人と学問」／歴史・社会科学を研究し、教養課程の学生に社会科学の基礎的素養を培う教材としても活用してまいりました。研究対象と研究者との関係はさまざまでありましょうが、私のばあいは、マックス・ヴェーバーを、自分の生き方の準拠標とも考え、かれの知的誠実性を信じ、かれの実存的歴史・社会科学が広く学生／読者にも活かされるようにと祈念しながら、研究／教育に携わってまいりました。

ところが、二〇〇二年秋、羽入辰郎著『マックス・ヴェーバーの犯罪――「倫理」論文における資料操作の詐術と知的誠実性の崩壊』（ミネルヴァ書房刊）という本が出版されました。私もたいへん驚きましたが、この表題が反響を呼んだのか、大学生協書籍部にも「平積み」にされて、仄聞するところ学術書としては異例の売れ行きを示しているとのことでした。その後、この本に、中堅や若手の研究者が及び腰の姿勢で対応しているのを見て、私は、「これはいけない、研究者としての信念からも、教師／著作者としての責任／社会的責任からも、羽入本を正面から批判し、ヴェーバーが『詐欺師』『犯罪者』ではないことをきちんと論証しなければならない」と思い立ちました。断罪されたのがたまたまヴェーバーで腹を立てたということもありましたが、そればかりではなく、他人を箇単に「詐欺師」「犯罪者」と決めつけて葬ろうとする「恣意への居直り」と、そういうふうにして耳目聳動を狙い「寵児」として脚光を浴びようとする「軽薄な風潮」に歯止めをかけなければならないと考えました。そこで私は、『季刊経済学論集』（二〇〇三年四月）に書評「四疑似問題でひとり相撲」を寄稿／発表し、『ヴェーバー学のすすめ』（二〇〇三年、未來社）、『学問の未来――ヴェーバー学における末人跳梁批判』（二〇〇五年、未來社）、『ヴェーバー学の未来――「倫理」論文の読解から歴史・社会科学の方法会得へ』（二〇〇五年、未來社）を公刊して、羽入氏と、氏に学位を授与した貴研究科倫理学専攻に、応答を求めました。しかし、二〇〇六年一月三〇日現在、羽入氏からも、倫理学専攻からも、応答がありません。

倫理学専攻につきましては、私は、羽入本そのものより、羽入氏が倫理学専攻の出自であることに、いっそう驚きました。かつて金子武蔵先生／小倉志祥先生／浜井修氏といった優れたヴェーバー研究者を擁し、文献読解と思想解釈の厳密性にかけては定評のあった研究室から、なぜ羽入氏のような、学問的ヴェーバー批判ならともかく、片言隻句を捕えては「疑似問題」を持ち込んで虚妄の断罪を連ねる、というような人物が出てきたのか、その理由と背景にも、思いをめぐらさないわけにはまいりませんでした。

そこで、昨年秋に、文学部の図書室と人文社会系研究科事務室をお訪ねして、羽入氏の学位請求論文とその審査報告書を拝見しました。私にとりまして二重の驚きで、きわめて残念でもありますことに、羽入氏の論文審査には、ヴェーバー研究者／宗教学者／ルター研究家を含む（傍目にはこれ以上の組み合わせはないと思われる）審査委員が当たっておられますのに、その「審査要旨」の内容は、わが目を疑うほどお粗末／無責任でした。貴職におかれましても、どうか一度お目通しください。学位認定にあたっては学問上厳正な審査がなされるという条件のもとに、その学位に社会の信頼をえている当該部局の審査委員会が、ある審査の結果を、まともな日本語文の体もなさない、投げやりな「審査要旨」にまとめ、それを教授会ないし研究科会議が承認していたことになります。こうしたことが見咎められずに平然とおこなわれているようでは、杜撰な審査で問題の博士を世に送り出したのも不思議ではありませんし、今後も同じような「博士」量産が絶えない、と危惧せざるをえません。

顧みますに、一九六〇年代以降、自然科学畑では、公害／医療過誤／交通事故などを契機に、そうした問題にかかわる専門家の応答責任が問われるようになりました。製造業において、製品の品質管理に不備があり、欠陥商品を販売すれば、企業イメージが損傷をこうむり、売れ行き不振に陥って倒産に追い込まれるまえに、管理責任者と経営陣が責任を問われ、責任をとります。行政官も、政治家でさえも、職権濫用が明るみに出れば、責任を問われずにはすまされません。それにひきかえ、大学とくに人文社会系の教員だけは、杜撰な審査によって「欠陥博士」を世に送った「職権濫用」の疑いが濃厚になっても、「黙っていれば、なんとかなる」でよいのでしょうか。

そこで、私は、このさいいっそ、倫理学専攻における羽入論文審査／学位認定の問題を「水に流す」のではなく、大衆化した大学院の研究指導と学位認定はいかにある（べき）か、という一般的な問題の一環／一個別事例として、公開の討論に委ね、審査当事者の所見もうかがって、反省すべき点は反省し、改めるべき点は改め、研究指導と学位認定の改善に活かすべきではないか、と考えるにいたりました。そこで、羽入書批判三部作のあとを受け、羽入氏の学位論文と審査報告書の問題点を検討し、そうした問題提起の趣旨を説明する文書を作成いたしました。一方的な断罪や糾弾とはならないように、資料にもとづく妥当な事実認定と明証的な推論／推認に慎重を期しましたため、思わず長文となりました。その論稿をここに同封させていただきます。

貴研究科におかれましては、問題が学位認定の社会的責任にかかわり、資料としての学位論文も審査報告書も公開文書でありますので、研究科のインターネット・ホームページに、この問題にかんする公開のコーナーを開設され、まずは審査の当事者に、私の問題提起に答える所見の表明を求め、以後、必要に応じて双方が発言し、討論を継続する、というふうにしていただきたいと存じます。そうなれば、事実経過を明らかにし、善後策を講ずるうえで、裨益するところ大と考えます。ご多忙のところ、まことに恐縮に存じますが、よろしくお取り計らいのほど、お願い申し上げます。

厳寒の砌、ご自愛のほど、お祈り申し上げます。

敬具

二〇〇六年一月三〇日

折原浩

東京大学大学院人文社会系研究科長殿

しかし、半年後の今日（二〇〇六年七月三〇日）にいたるまで、同研究科長からの返事はない。

他方、同じく今年一月三〇日付けで、(旧知の友人であり、ヴェーバー研究仲間でもある)論文審査の「主査」に宛て、同趣旨の問題提起にもとづいて「主査」としての所見表明を求める書状を添え、同じ第一次稿とともに郵送した。これにたいしては、数日後、丁重な返信で、陰影と含蓄に富むが、「責任はすべて自分にある。ただし、いっさい釈明はしない」と要約される拒否回答が送られてきた。ここにその返信を公開することはできないが、この間に筆者から先方に宛てた二通の書状(抜粋)は、ひとつは所見表明要請の趣旨説明として、いまひとつは、先方の拒否にもかかわらず本稿を公表する趣旨の説明として、ここに収録しておきたい。

拝啓

長らくご無沙汰いたしました。

貴兄に久しぶりにお便りいたしますのに、左記の内容で、ご報告とお願いをしたためなければならなくなり、まことに心苦しい次第です。羽入論文をめぐっては、心ならずも貴兄と評価を異にし、鋭く対立せざるをえませんが、ここまできますと、ことは学位認定の信頼性にかかわる公共性/社会性を帯びた問題ですので、お互いフェアプレーに徹して討論を進めていく以外にはない、と存じます。

本日、同封の書状を、東大院人文社会系研究科長宛て、同じく同封の論稿とともに、郵送いたしました。ご報告いたします。

問題は、貴兄が、学位論文審査の「主査」として、羽入論文に学位を認定してしまわれたことです。私は、その学位認定には学問上の正当性がなく、率直にいって学位認定権の濫用／職権濫用であったと判断せざるをえません。

「ひょっとすると貴兄が審査と無縁ではないかもしれない」とは、ある段階で気がつきましたが、今回、審査報告書を閲覧して、その事実を確認いたしました。この事実は、羽入氏が倫理学研究室の出自であると知ったとき以上に、私には驚きで、残念でなりません。しかし、ヴェーバーを含む諸思想の篤実な研究者であられる貴兄がなぜ、という驚きとともに、羽入氏への学位授与は貴兄にとってそれだけ苦渋に満ちた決断であったろうとは、想像はできます。

しかし、このさいは、大衆化大学院における研究指導と学位認定という切実な問題として捉え返し、互いに論争するなかでも、事実経過をともに究明して、事態の改善に活かすという方向に進みたいと思います。同封の論稿で、私は、問題の背景から貴兄の「胸中」まで、データにもとづく妥当な事実認定と明証的な推論／推認につとめましたが、一方的な決めつけは控えて、貴兄の所見表明に待つというスタンスを堅持したつもりでおります。

それだけに、貴兄の所見表明がありませんと、事実確定のうえに改善策を講ずる積極的／建設的な方向に踏み出すことができません。この問題に関心を寄せている倫理学専攻やヴェーバー研究関係の中堅／若手も、同様に「足止め」されはしまいか、と危惧されます。つきましては、このさい、事実経過にかんする所見を、どうか率直に、研究科ホームページの公開論争コーナーに発表していただけませんでしょうか。それを拝見して、私の仮説的推論に誤りがあれば、私は率直に自己批判して管見を是正していきます。そのような公開討論をとおして、今回羽入事例に顕在化してきた、現代大衆・大衆人社会の「軽佻浮薄な風潮」と、それにともなう学問的評価規準の「下降平準化」に、ともに抗していく方向に歩み出すことができれば、「禍を転じて福となす」「不幸中の幸い」ともなるのではありますまいか。

では、厳寒の砌、くれぐれもご自愛のほど、お祈り申し上げます。

敬具

二〇〇六年一月三〇日

折原浩

これにたいする拒否回答を受け、筆者は、左記のような態度決定を伝えた。

拝復

二月三日付けのご返書、拝受いたしました。

あるいは貴兄が最当事者としてご発言くださるかと、わずかに期待をつないでおりましたが、ご趣旨はよく分かりました。〔貴兄は「いっさい釈明しない」とのご意向ですが〕小生といたしましては、貴兄が

「主査」であられたことに（途中で気がついて）驚くと同時に、ほかならぬ貴兄が羽入論文を評価されたはずはない、少なくとも当初は厳しく正面対決され、羽入がそれを受け止めかねて邪道に走ったにちがいない、と確信しておりました。そこで、複数類型論からの仮説提示に限定し、一面では、貴兄が当事者として所見を述べてくださりやすいように、いうなれば「舞台をしつらえて」いるつもりでもおりました。しかし他面、「主査」の責任を厳しく追及してきたことは確かで、貴兄がいま、「あのときはどうのこうの」と釈明するのを潔しとしないお気持ちは、それはそれとして分かります。

ただ、小生自身は、「羽入事例」をなにか羽入個人の特異性に還元するのではなく、「大衆化大学院における研究指導と学位認定」が抱えている、すぐれて現代的な問題の症候として捉える、という視点に立ってきました。被指導者／被認定者の院生側にますますつのる問題傾向と、指導者／認定者側が旧来からの条件変化にもかかわらず抱え込みつづけていて気がつかない問題とを、この事例から積極的に掘り起こし、問題をある意味で普遍化する方向で、発言してまいりました。それゆえ、途中から貴兄と気がついた「主査」につきましても、貴兄ということよりも、「旧」名門研究室の「崩壊」ないし「空洞化」の症候（「ましてや、他の研究室においてをや！」）として、問題提起／責任追及を普遍化／尖鋭化する、ということにならざるをえなかったわけです。ですから、小生からの「所見表明」「応答」要求にたいしては、貴兄が、羽入擁護はありえないとしても、当事者として抱え込まれた深刻な諸問題／諸要因を明らかにして、問題解決の方向を探る資料をみずから提供してくださると同時に、「羽入事例」を偶発的特殊事例に限定して、小生の普遍化論調に反論する、という対応は予想し、期待してもおりました。ただ、そのことを、最当事者の貴兄おひとりに期待するのはやはり無理であったかと思います。

そこで、倫理学専攻を初めとする「中堅」や「若手」がどう対応するか、という問題に関連してまいります。かつて、東大教養学部における小生のゼミの出身者で、これぞと思える人たちは、約半数が倫理学、残りの約半数が社会学ほかに進学しておりました。ところが、この「羽入問題」につきましては、どうもその人たちの対応が鈍いようなのです。ある人［ヴェーバー研究者］は『答えられるものなら、答えてみろ』というような挑戦状は受け取ったけれども、いつまでたっても送ってこないし、不愉快だから買って読もうとも思わない」といってきました。個別的な人間関係の問題ととれば、それでもいいでしょうが、羽入書は論壇で話題となり、いくつかの「賞」を受け、生協書籍部では平積みにされ、インターネット評論の話題をさらった一時期もあるのです。問題は、「言論の公共空間」に顕出された現代大衆社会の問題傾向の一端で、そのようなものとして受け止め、好悪を越えて対応する、というのが社会科学者のスタンス、と小生は思います。そこで、ここのところは、老骨に鞭打っても、羽入書批判からの問題提起を徹底して展開し、できれば（倫理学専攻以外にも、広い範囲の）「中堅」「若手」に議論してもらい、できなければ記憶にはとどめて、再発にそなえてほしい、と考えております。

そこで、小生といたしましては、貴兄のご意向は尊重すると同時に、小生自身は、添付論稿を公表して、議論を喚起する方向をなお追求しようと思います。添付論稿では、仮説提示だけで、当事者の所見表明を待たずに議論を先に進め、問題解決案の議論に移っていくのでは、当事者を「蚊帳の外」に置き、その主体性を無視することになる、という見地から、当事者の「所見表明」を待つ、というスタンスをとったわけですが、ここで、貴兄のお便りの趣旨を、「いいから、心おきなく議論しなさい」というゴー・サインが、小生にたいしても、「中堅」「若手」の人たちにたいしても、出されたものと受け止め、論稿を公表し、解決案への討論にそなえたいと思います。お便りのご趣旨を、小生としてはそのように受け止め、その旨断って、今後に対処させていただくことは、どうかご了承ください。

……中略……

では、なお寒さきびしい日々がつづきそうです。くれぐれもご自愛のほど、お祈り申し上げます。

敬具

二〇〇六年二月一一日

折原浩

そういうわけで、「当該部局のインターネット・ホームページに公開討論コーナーを開設してもらい、そこで当事者とともに事実経過を確認し、善後策を講ずる」という当初のプランは、遺憾ながら頓挫し、いまのところ実現の見通しは立たない。しかし、右記の書状でも再三述べているとおり、一個別事例(羽入論文とその審査報告書)の検討をとおして明るみに出てきた「研究指導の不備と学位認定の陥穽」という問題そのものは、けっして一東大院人文社会系研究科だけのことではなく、本書本文で「類型論的」に論じたとおり、構造的背景をそなえ、大学院の「大衆化」につれて、目立たない形ではあれ、ますます深刻さをましてきている、と予想せざるをえない。いまにして思えば、この問題を稀有に鮮明な形で状況に顕出し、問題の広がりと背景への遡行的／普遍化的解明にいちはやくきっかけを与えてくれたことは、羽入書の「功績」であったとも見られよう。そこで、これもやはり当初から予定していたとおり、本稿を、さらなる解明を求めての、また、そうした解明にもとづく解決構想に向けての問題提起の一書として、『ヴェーバー学のすすめ』『学問の未来』『ヴェーバー学の未来』の続篇として公刊し、広く一般の関心を喚起し、あるいは別の場で闘わされもしよう「代理」公開討論に向けて、さしあたり一素材を提供しておきたい。

顧みると、筆者が、自分の所属する東京大学、しかも出身学部の文学部を、筆者には理不尽／無責任と思われる措置について公然と批判するのは、一九六八―六九年の「第一次東大闘争」、一九七七年の「文学部火災事件」につづいて、これで三度目である。過去二度の批判の論拠は、本書の第三章注4に挙げた文献に、公表され、記録されている。そこでは、批判の対象が、学問内容に直接の関係はない管理上の理不尽／無責任にかぎられていたが、今回は、批判の射程が、学位認定という中枢機能と（そこに顕れた）専門的研究の質と水準におよんでいる。

筆者がこれらの批判とその公表をとおして意図したことのひとつは、日本の「学界‐ジャーナリズム複合体制」に根を下ろし、第二次世界大戦後にも一向に変わっていない、ある「慣習律」にたいして、少なくとも挑戦を止めないことであった。すなわち、「学問的訓練をとおして錬磨される批判的理性の意義を、抽象的にはどんなに説いても、あるいは、抽象的にはどれほど過激な批判的言辞を弄しても、問題が自分の所属組織や出身母体や同業関係にかかわり、具体的な身辺の利害におよんでくると、とたんに批判を手控えて『口を拭う』、『身辺と余所』『内と外』の二重規準に囚われた『個別主義 particularism』の慣習律」である。

筆者は、いまから約四〇年まえ、駆け出しの一教員として一九六八―六九年「第一次大学闘争」に直面した。この事件は、当の慣習律を根本から問い返し、「『身辺と余所』『内と外』という二重規準の制約を超える理性的批判の具体的普遍化」に向けて、ようやく突破口を切り開くかに見えた。

その渦中では、たとえばつぎのような議論が交わされた。まず、日本社会一般の「無責任の体系」を批判する「知識人」の言説は、読者のひとりひとりが、それぞれの所属組織ないしは現場で直面する具体的な無責任措置のひとこまひとこまに、公然と向き直って闘うことを想定／期待し、そうした個別の闘いを導いて日本社会全体の変革につなげようとする「呼びかけ」と解されなければならない。「日本社会全体の変革」「責任体系の確立」といっても、実態としては、個々の組織や現場における、そうした具体的な闘いの根気よい積み重ね以外にはありえない。ところで、ある「知識人」の著者が、一方では、批判言説をジャーナリズムに発表して読者に「現場の闘い」を呼びかけながら、他方、生身の一大学教員としては、自分の所属組織の具体的な無責任措置（たとえば、事実誤認のうえに「疑わしきを罰し」、教壇では説かれる「近代法／近代的人権保障の常識」を忘れる、「第一次東大闘争」で問われた、東大当局の措置）が明るみに出てきて、まさに読者と同じ立場で当の具体的無責任と闘うべき正念場に立たされたとき、身を翻して批判を手控え、事実関係の究明も怠り、（さらに困ったことに）そうしたスタンスの矛盾を衝く問題提起には一種「苛立った」拒否反応しか返せないというのは、いったいどうしたことか。「知識人」のそうした実態が闘争場裡で一瞬あらわになったとき、その「呼びかけ」を真に受けて自分の現場で闘ってきた読者ほど、それだけ痛く失望し、それまでの敬意が否定的批判に反転したのも、ゆえなしとしない。

しかし、そこから生じた「知識人」言説にたいする批判は、外からの闘争圧殺と内的な衰退につれ、状況の弾みも手伝って、いきおい一面的に尖鋭化した。「自分では闘う気のない『言説のための言説』」、「『余所ごと』にかけては鋭利で華々しくとも、所詮は『慣習律』の『安全地帯』に身を置いた『綺麗ごと』」、「読者を二階に上げて梯子を外す無責任なアジテーション」、「初めから『負ける』つもりの『負け犬の遠吠え』」……と、告発は止まるところを知らなかった。

こうした他者糾弾の激化と、それと表裏の関係にある自己絶対化とが、状況の重みを共有しない後続世代に、多分に同位対立の擁護論を誘発し、最奥の争点を曖昧にし、議論を「第一次大学闘争」

以前の水準に戻してしまったことはいなめない。じつはそこで、著者ないし「知識人」一般の実存的限界を見きわめて「深追い」は避け、むしろ「無責任の体系」を批判し、その克服を目指す問題提起そのものは評価し、引き継いで、その闘いを（こんどは自分たちが、著者の限界を超えても）具体的に普遍化していくにはどうすればよいか、というふうに前向きに設定しなおす必要があったのではないか。そのうえで、各人の現場で二重規準を超える批判的理性の軌道転轍を一歩一歩進めながら、相互に交流／連帯し、「第一次大学闘争」の切り開いた地平を確実に定着させ、「当事者性を忘れたふやけた議論」が蒸し返される余地もないほどに、軌道を固め、実績を積むことが、肝要だったのではあるまいか。

問題は、「知識人」批判の当事者が、その後「知識人」たとえば研究者となって、どう生きてきたかにあろう。他者に向けた批判を自分自身にも向け換え、「『身辺と余所』『内と外』の二重規準を超える理性的批判の具体的普遍化」に向けて、各人の現場でそれぞれ個別の問題と批判的に対決し、牢固たる慣習律と具体的に闘ってきたかどうか。かえって、「世界歴史」や「社会一般」の抽象論から出発して、せいぜい個別問題を演繹するだけの（キルケゴールにいわせれば「腑抜け」の）スタンスと議論に、いつのまにか舞い戻ってはいないか。逆にいって、自分の所属組織ないし現場の個別問題から出発して、その構造的背景を問いつつ、批判の射程を極力拡大し、広く関心と議論を喚起していくような「実存的な歴史・社会科学」のスタンスと方法は、どれほど会得され、鍛えられ、実を結んでいるだろうか。

それにしても本書は、現状ではやはり、出版しやすい本ではなかったろう。日本の「学界‐ジャーナリズム複合体制」に根を下ろした慣習律への挑戦を、当の体制のただなかに投企するからには、直接間接の反作用が予想され、とくに（たとえば挑戦を受ける組織に所属する他の執筆者との関係も抱える）出版社にとっては、それだけ厄介で荷の重い企画だったにちがいない。それにもかかわらず、未來社の西谷能英氏は、今回はなるほど、前三部作のばあいにもまして慎重で、数カ月にわたって協議を重ねたが、最終的には本書の刊行にも踏み切られた。筆者としては、氏に、「第一次大学闘争」世代のひとりとして当時提起された問題の積極面は引き継いで活かそうとするスタンスあればこその決断、と受け止め、永年の敬意を新たにし、ことのほか深く感謝している。また、前著『ヴェーバー学のすすめ』につづいて、この協働企画に加わり、本書を入念に仕上げてくださった小柳暁子さんにも、厚くお礼を申し上げる。

二〇〇六年七月三〇日

折原　浩

付録

内容要旨（全文、原文のママ）

本学位請求論文では「プロテスタンティズムの倫理と資本主義の精神」（以下では「倫理」論文と略す）におけるその論証構成上重要と見做され得る幾つかの箇所に関し、そこでヴェーバーが用いた、ないし用いた筈の原資料との照合に基づき、かつ、「職業としての学問」に見られるような学問における知的誠実性の主張の観点から彼の立論の妥当性を検証することを試みた。得られた結論は以下の通りである。

（i）ヴェーバーは英国におけるピューリタン的な“calling”概念の起源を論ずるに当たって度々英訳聖書に言及したが、実際には彼は英訳聖書を手に取って見てはおらず、その殆ど全てをOED

の“calling”の項の記載に依拠していたこと、そのことは彼がOEDの単純な誤りを――それは聖書のタイトル頁を見さえすれば避け得たような単純な誤りである――そのままに引き継いでしまっていることから論証し得ること、OEDに記載されていた「コリントI」七・二〇の用例のみに依拠せざる得なかった彼の立論は、「ベン・シラの知恵」一一・二〇、二一における“Beruf”という訳語こそが、ルターが創始した“Beruf”という語の、新たな用法なのであり、そしてその語こそがプロテスタント諸国のそれぞれの国語に影響を与えたのである、との元来の彼の主張を論理的に破綻させるものとなってしまったこと。

(ii) ヴェーバーがBeruf-概念に関する自らの主張の典拠の一つとした「コリントI」七・二〇における“Beruf”という独訳はルター自身に由来するものではない。ルター個人における聖書の訳語の変遷史を辿るに当たってヴェーバーが用いたルター聖書とは、ルター自身の校訂によるルター聖書ではなく、ルターの死後幾度となく改訂された末の、一九〇四年当時の〃現代の普及版ルター聖書〃であり、七・二〇における“Beruf”とはその改訂版での訳語に過ぎぬ。しかも「現代の普通の版におけるルター聖書では」というヴェーバー自身による付言は、自らが用いていたルター聖書がルター自身によるルター聖書ではなかったことを彼が自覚していたことを証す。

(iii) フランクリンが「自伝」において引用した「箴言」二二・二九を、ルターが“Beruf”ではなく“Geschaft”と訳してしまっていたというアポリアを回避するに当たってヴェーバーが用いた、ルターによる翻訳の時間的前後関係に依拠する論点が維持され得るのは、初版年代に目を奪われている限りにおいてのみであって、ルター自身による初版後の改訂作業をも視野に収めるならば、維持されがたい。

(iv) ヴェーバーは、「資本主義の精神」を〃既に宗教的基盤が死滅したもの〃として構成したにもかかわらず、その理念型構成のための素材としてフランクリンの二つの文章を引用するに際し、フランクリンによる宗教的なものへの言及部分を、それも予定説の神への言及部分を前もって削除した上で引用し、しかも、一九一九―二〇年の改訂時には上記部分を削除していたにもかかわらず、フランクリンの二つの文章は「宗教的なものへの直接的な関係を全く失っており、それ故――我々の主題にとって――「無前提的」であるという長所を示してくれているのである」(強調はヴェーバー自身)と加筆した。

(v) フランクリン資料を「自伝」のレベルにまで広げる段階で否応なく現れてきてしまうフランクリンの「功利的傾向」を否定するためにヴェーバーは、フランクリンは〃徳に「改信」した〃のであり、しかも〃彼は自分の「改信」を神の啓示に帰しているのである〃と主張したが、上記主張は「啓示」という言葉に関する「自伝」のコンテキストを読み誤った主張に過ぎぬ。この「啓示」

という言葉が、〃自分は一五歳になるかならぬかでもう神の啓示すらも疑うようになってしまっていた〃というフランクリン自身による僅か数頁前の記述を受けていることは、「自伝」を読めばすぐに判ることである。

（vi）更にヴェーバーは、フランクリンにとっては貨幣の獲得は個人の幸福・利益といったものを一切超越した非合理的なものとして立ち現れている、と主張したが、「自伝」においてフランクリンが「箴言」二二・二九を引用した直後の言葉を——この言葉をヴェーバーは確実に読んでいた筈である——故意に無視せぬ限り、この主張は成り立たない。

〔結び〕

知的誠実性の観点から上記の点を検証する時最も致命的なのは論点（iv）であろう。それは過失ではなく、故意を意味している。本稿によって得られる結論は従って次のようなものとなる。ヴェーバーは「倫理」論文において、「職業としての学問」において彼が主張したほどには知的に誠実ではなかった、と。

（尚、本稿の第I章は昨年二月ドイツにおいて発表されており〔Zeitschrift fur Sozio-logie, Jg.

22, Heft 1, S. 65-75 : F. Enke Verlag」、また第II章は本年五月 Archives europeennes de sociologie, Vol. XXXV, nº 1 : Cambridge University Press に掲載が決定している。）

審査要旨（全文、原文のママ）

論文：Quellenbehandlung Max Webers in der "Protestantischen Ethik"（『倫理』論文におけるヴェーバーの資料の取り扱い方について）は『プロテスタンティズムの倫理と資本主義の精神』でヴェーバーが用いた原資料を照合し、彼の立論が妥当でないことを実証しようとするものである。全体は（1）calling 概念に関する検討、（2）ルターの Beruf 概念に関する検討、そして（3）「資本主義の精神」の理念構成をめぐる考察という三つの部分から成り、それに結びの考察が付せられている。

従来、フランクリンの「時は金なり」の道徳訓に典型的に示されている「資本主義の精神」がカルヴァン派の救霊予定説に基づく世俗内的禁欲としての職業労働の「プロテスタンティズムの倫理」か生まれ出、そのつなぎにルターの Beruf 概念による職業召命観が位置付けられるというヴェーバーのテーゼの妥当性については、様々に論争されてきたが、筆者は特にヴェーバーのフランクリンからの引用の恣意性とか、ルターの Beruf 概念の形成をめぐるヴェーバーの資料の扱い方の意図的な操作、また calling 概念への影響関係をめぐる推論の不備といった諸点をヴェーバーがあったと思われる様々な原資料を広範に渉猟検討することを通して実証しようと試みている。そしてそのことを通してヴェーバーの呪縛からの解放を説く。

資料操作の解釈については別様の解釈の余地があり、また三つのテーマのヴェーバー論文全体の文脈の中での位置付けについても再考せねばならないが、呪縛からの解放を逆手にとってヴェーバー自身の呪縛からの解放を徹底的に実証的に論じた点は、博士（文学）論文としての評価に値すると思われる。

（東京大学学位論文データベースより）

著者略歴

折原 浩（おりはら・ひろし）
1935年　東京に生まれる。
1958年　東京大学文学部社会学科卒業。
1964年　東京大学文学部助手。
1965年　東京大学教養学部専任講師（社会学担当）。
1966年　東京大学教養学部助教授。
1986年　東京大学教養学部教授。
1996年　東京大学教養学部定年退職。名古屋大学文学部教授。
1999年　名古屋大学文学部定年退職。椙山女学園大学人間関係学部教授。
2002年　椙山女学園大学人間関係学部退職。

著　書『大学の頽廃の淵にて――東大闘争における一教師の歩み』（1969年、筑摩書房）『危機における人間と学問――マージナル・マンの理論とウェーバー像の変貌』（1969年、未來社）『人間の復権を求めて』（1971年、中央公論社）『東京大学――近代知性の病像』（1973年、三一書房）『大学―学問―教育論集』（1977年、三一書房）『デュルケームとウェーバー――社会科学の方法』上・下（1981年、三一書房）『学園闘争以後十余年――一現場からの大学／知識人論』（1982年、三一書房）『マックス・ウェーバー基礎研究序説』（1988年、未來社）『ヴェーバー「経済と社会」の再構成――トルソの頭』（1996年、東京大学出版会）『ヴェーバーとともに40年――社会科学の古典を学ぶ』（1996年、弘文堂）『「経済と社会」再構成論の新展開――ヴェーバー研究の非神話化と「全集」版のゆくえ』（ヴォルフガング・シュルフターと共著、2000年、未來社）『ヴェーバー学のすすめ』（2003年、未來社）『学問の未来――ヴェーバー学における末人跳梁批判』（2005年、未來社）『ヴェーバー学の未来――「倫理」論文の読解から歴史・社会科学の方法会得へ』（2005年、未來社）

訳　書　ラインハルト・ベンディクス『マックス・ウェーバー――その学問の全体像』（1965年、中央公論社）改訳再版『マックス・ウェーバー――その学問の包括的一肖像』上・下（1987/88年、三一書房）マックス・ヴェーバー『社会科学と社会政策にかかわる認識の「客観性」』（富永祐治、立野保男訳への補訳／解説、1998年、岩波書店）

大衆化する大学院
――個別事例にみる研究指導と学位認定

発行――――二〇〇六年十月五日　初版第一刷発行

定価――――（本体一八〇〇円＋税）

著　者――折原　浩
発行者――西谷能英
発行所――株式会社　未來社
〒112-0002東京都文京区小石川三―七―二
振替 00170-3-87385
電話・代表 03-3814-5521
http://www.miraisha.co.jp/
Email: info@miraisha.co.jp

印刷――精興社
製本――五十嵐製本

ISBN 4-624-40058-5 C0036

（消費税別）

折原浩著
ヴェーバー学のすすめ
「倫理」論文を、言われなき批判から擁護する。全てのヴェーバー研究者への問題提起であるとともに、日本の学問文化のあり方への批判の書。いまヴェーバーを読む意味とは何か。一八〇〇円

折原浩著
学問の未来
〔ヴェーバー学における末人跳梁批判〕学問軽視・専門家無視の軽佻浮薄化する風潮に抗し、怒りをこめて痛烈に批判する論争書。『ヴェーバー学のすすめ』につづく羽入辰郎書批判。五八〇〇円

折原浩著
ヴェーバー学の未来
〔「倫理」論文の読解から歴史・社会科学の方法会得へ〕長いヴェーバー研究の精髄を渾身の力で注ぎ込んだ待望の「マックス・ヴェーバー入門」。『学問の未来』の姉妹篇。二四〇〇円

折原浩著
危機における人間と学問
〔マージナル・マンの理論とウェーバー像の変貌〕著者によって拡大深化された傍題の理論にもとづき、変革期知識人の役割を追求するマンハイム、ウェーバー論の全論文を収録。二八〇〇円

折原浩著
マックス・ウェーバー基礎研究序説
ウェーバーの学問体系の要をなす巨視的比較宗教社会学の全体像構築を目ざす著者は、マリアンネ・ウェーバーとウィンケルマンの遺稿編集がもつ重大問題を指摘、体系成立を修正。四五〇〇円

シュルフター・折原浩著／鈴木・山口訳
『経済と社会』再構成論の新展開
〔ヴェーバー研究の非神話化と『全集』版のゆくえ〕『経済と社会』は原著者の意図どおりに構成されたのか？あえて論争することで『全集』版の編集に問題提起した両者の論文を収録。二八〇〇円

ウェーバー著／梶山力訳・安藤英治編
プロテスタンティズムの倫理と資本主義の《精神》
忘却の淵に沈まんとしている先達の名訳を復活・復権。本復活版では、大改定がなされた『倫理』論文の改定内容が立体的に把握でき、「アメリカにおける教会とゼクテ」も収録。四八〇〇円

ウェーバー著／田中真晴訳
国民国家と経済政策
歴史学派・史的唯物批判の視角からウェーバーの方法論的自立が確立された名著。東エルベ農業問題を踏まえ、ドイツの危機と経済学者の在り方に鋭い問題提起をおこなう。
一五〇〇円

ウェーバー著／海老原明夫・中野敏男訳
理解社会学のカテゴリー
ウェーバーの古典の一つである本書は、ウェーバー自身の広大な学問体系のまさに核心に触れるものであり、近年ドイツで進展したウェーバー研究の最新成果を踏えた新訳である。
二二〇〇円

ウェーバー著／肥前栄一訳
東エルベ・ドイツにおける農業労働者の状態
初期ウェーバーの農業経済研究の古典。農業労働制度の変化と農業における資本主義の発展傾向を分析。エンゲルスの『イギリスにおける労働者階級の状態』とも並び称される名著。
二八〇〇円

ウェーバー著／松井秀親訳
ロッシャーとクニース
ドイツ歴史学派の創始者ロッシャーとクニースの歴史的方法と国民経済学の連関を、怜悧な科学的精神で批判した、神経症克服後の最初の重要な業績。
二八〇〇円

コッカ著／住谷一彦・小林純訳
〔新版〕ヴェーバー論争
ヴェーバーの学的関心・思考にみられる両義性（啓蒙主義的＝リベラル対現実政治的＝ナショナル）を統一的に肥える視角として合理化概念をおき、戦後西ドイツの研究史を概括。
一二〇〇円

テンブルック著／住谷一彦・山田正範訳
マックス・ヴェーバー方法論の生成
従来のヴェーバー方法論研究の基礎前提をなした『科学論文集』の体系に疑問をなげ、この通説を批判することを意図した本書は、初期ヴェーバーの評価を含め研究の再構成を迫る。
一八〇〇円

テンブルック著／住谷・小林・山田訳
マックス・ヴェーバーの業績
『経済と社会』がヴェーバーの主著だとする通説を根底的に批判し、西洋的合理化過程の特性把握を叙述した「世界宗教の経済倫理」の諸論考こそそのライフワークだとする研究。
二五〇〇円

（消費税別）

（消費税別）

シュルフター著／住谷一彦・樋口辰雄訳
価値自由と責任倫理
〔マックス・ヴェーバーにおける学問と政治〕現代ヨーロッパのヴェーバー研究をモムゼンとともに二分するといわれるシュルフターの画期的な論文。初版と改訂版の異同対象表付。一八〇〇円

レヴィット著／柴田・脇・安藤訳
ウェーバーとマルクス
〝マルクス＝ウェーバー問題〟を初めて提起した初期レヴィットの代表的論文で、資本主義社会の自己疎外＝合理化にかんする両巨人の分析批判と理念の相異を比較検討した名著。一八〇〇円

モムゼン著／得永新太郎訳
官僚制の時代
〔マックス・ヴェーバーの政治社会学〕依然として今日の社会学的問題である官僚制をヴェーバーは自由抑圧の装置として把えた。モムゼンによるヴェーバー官僚制論の平易・明快な入門書。二〇〇〇円

モムゼン著／中村・米沢・嘉目訳
〔新装版〕マックス・ヴェーバー
〔社会・政治・歴史〕現代ドイツの代表的歴史家が、時代に囚われながらも時代を超えているヴェーバーの思索と行動の軌跡をしめし、彼の思想と科学を一つの全体として把握する。三二〇〇円

モムゼン著／安・五十嵐・田中訳
マックス・ヴェーバーとドイツ政治1890―1920 I
豊富な資料を駆使して叙述したヴェーバーの政治思想研究の基礎文献。その政治思想におけるニーチェからの影響、権力政治的要素の指摘などにより物議をかもした問題の書の翻訳。五八〇〇円

モムゼン著／安・五十嵐・他訳
マックス・ヴェーバーとドイツ政治1890―1920 II
第一次世界大戦までの時期を扱った第I巻に続き第一次大戦～ワイマール期のヴェーバーの政治思想。ナチズム前史との関連で彼の政治思想を叙述し論争の火種となった問題の書。六八〇〇円

橋本努・橋本直人・矢野善郎編
マックス・ヴェーバーの新世紀
〔変容する日本社会と認識の転回〕シンポジウム「マックス・ヴェーバーと近代日本」を起点とする本書は、日本のヴェーバー研究の到達点と21世紀に向けて継承すべき課題を示す。三八〇〇円